Klaus Eickhoff

Angenommen – ernstgenommen

Wenn junge Leute Christen sind

D. U.

R. BROCKHAUS

R. Brockhaus Taschenbuch Bd. 713

6. Auflage 1988
29.–45. Tausend

Umschlaggestaltung: Carsten Buschke, Leichlingen
Umschlagfoto: Ulrich Schaffer, Kanada
Gesamtherstellung: Elsnerdruck, Berlin

ISBN 3-417-20713-4

INHALT

I. Wenn junge Leute Christen sind

Jungsein ist schön. Christsein ist schön. Wenn junge Leute Christen sind, ist das in doppelter Weise schön.

»Ach du liebe Zeit. Hat der 'ne Ahnung!« höre ich im Geiste Ihren Protest. Doch es läßt sich nicht leugnen: Junge Leute werden um ihrer Jugend willen beneidet. Sie sind erst am Anfang und müssen noch nicht auf das Ende sehen. Sie haben noch Träume und müssen noch nicht ihr Zerrinnen sehen. Junge Gesichter sind nur selten von den Spuren herber Enttäuschung gezeichnet. Das Abenteuer des Lebens vor sich zu haben – das ist der Vorzug junger Leute. Darum beneidet man sie. – Darum beneidet man *Sie*.

Aber mehr noch sind Christen zu beneiden. Sie haben das Leben empfangen, das die Güte und Schwere der Ewigkeit birgt. Auch wenn sie das Abenteuer des irdischen Lebens einst hinter sich haben, haben sie das Leben im Eigentlichen weiterhin vor sich. Leben aus Gott ist ewiges, unzerstörbares, eigentliches Leben. Wer sich der Herrschaft Jesu Christi anvertraut, empfängt es. »Wer den Sohn Gottes hat, der hat das Leben«, sagt die Heilige Schrift. Wer ewiges Leben empfing, kann also seine »Straße fröhlich« ziehen in der Gewißheit, daß es ihm nicht mehr genommen wird.

Wenn wir vom »schönen« Leben junger Christen sprechen, ist das Wort »schön« in unserem Zusammenhang allerdings nicht romantisch oder sentimental gemeint, nicht leicht kitschig oder süßlich fromm. Es umschließt Höhe und Tiefe, Ruhe und Streit, Sieg und Niederlage, Erfüllung und Verfehlung, Geborgenheit und Verachtung, Stille und Auseinandersetzung – und vieles mehr.

Jungsein ist schön. Aber – und das wissen Sie selbst am besten – es ist auch voller Spannungen. Das wird von der älteren Generation gern übersehen. So wird z. B. in der Werbung eine Welt gezaubert, die den Eindruck erweckt, als sei Jungsein der Inbegriff des Glücks. Sind die betreffenden Erwachsenen schon so uralt, daß sie sich nicht mehr an ihre eigene Jugend erinnern? Wer jung ist, der erlebt doch auch Zeiten tiefen Unglücks, Spannungen, in denen er zu zerreißen droht. Jungsein ist schön, aber gleichzeitig heißt es: in Spannungen leben.

Dasselbe gilt für das Christsein. Es ist schön. Und dennoch: Wer sich in dieser Welt auf den Herrn einläßt, der gesagt hat, daß sein Reich nicht von dieser Welt ist, der wird sich auf manche Auseinandersetzung einzurichten haben. Leider wird das von vielen Evangelisten und Predigern unserer Tage nicht genügend betont. Wenn sie junge Menschen zum Glauben rufen, geht das oft nach der Melodie: »Komm zu Jesus, und du wirst glücklich!« In einem ganz tiefen Sinne stimmt das auch, wer wollte das bestreiten. Es wird aber meist nur in einem oberflächlichen Sinne verstanden. Und da stimmt es dann nicht mehr. Jesus Christus ist nicht gekommen, uns unser irdisches Glück zu garantieren oder abzusichern. Wer Ihnen sagt: »Jesus Christus löst all deine Probleme«, der verspricht Ihnen etwas, was unser Herr nicht versprochen hat und darum auch nicht zu halten gedenkt. Wer zu Jesus Christus findet, bekommt oft zu den Problemen, die er ohnehin schon hat, noch ein gerütteltes Maß hinzu.

»Was ist dann aber am Evangelium noch schön und anziehend?« möchte man fragen. Nun, das Evangelium ist nicht darum schön und anziehend, weil es ein leichteres Leben auf Erden verspricht. Das tut es nicht. Das Evangelium ist darum schön, weil es *wahr* ist. Um nichts anderes geht es. Wünschte ich mir ein leichteres, angenehmeres Leben auf Erden, so könnte ich mir durchaus etwas anderes als Lebensgrundlage vorstellen, als ausgerechnet das Evangelium. Es geht nicht um das leichtere Leben, es geht um das Leben aus der Wahrheit. Sich an die Wahrheit zu binden, und zwar in einer Welt, die diese Wahrheit nicht will, führt zwangsläufig in Probleme hinein.

Wenn Sie also als junger Mensch Christ sind, werden Sie neben dem natürlichen Spannungsfeld Ihrer Jugend noch zusätzlich durch das geistliche Spannungsfeld Ihres jungen Christseins hindurchmüssen. Sie stehen damit in doppelter Auseinandersetzung. Dennoch ist es schön, in jungen Jahren Christ zu sein, weil es schön ist, bereits aus der Wahrheit zu leben, wenn man noch das ganze Leben vor sich hat. Es ist schöner, um der Wahrheit willen Spannungen zu ertragen, als ohne Wahrheit ein etwas problemloseres, aber verfehltes Leben zu fristen.

Probleme? Ganz gewiß. Dennoch wollen wir nicht verschweigen, daß das Evangelium in der Tiefe froh macht, frei macht, ja, auch große Probleme löst. Wer weiß, daß das Problem seiner Schuld oder seines Todes gelöst ist, der wird sagen müssen: »Ja, seine Last ist leicht« (Matthäus 11,30).

Aller Spannung und allem Leiden, die die Wahrheit Jesu mit sich bringt, geht nämlich die Befreiung schon voraus. Allem voraus geht die Gewißheit, daß die Erfüllung, nach der alles Lebendige sich sehnt, in Jesus Christus von vornherein geschenkt ist. Ewigkeit, Rechtfertigung des Lebens wird ja nicht nach langem Kampf verdient, sondern längst *vor* dem Kampf geschenkt. Darum können wir mit Gelassenheit kämpfen, ohne fanatisch zu sein, ohne Angst zu haben. »Du bereitest vor mir einen Tisch im Angesicht meiner Feinde«, heißt es schon in einem Gebet des Alten Testaments (Psalm 23, 5a). Sollte das im Neuen Bund nicht erst recht erfahrbar sein?

Jungen Menschen, die es gewagt haben, sich auf die spannungsreiche Wahrheit Jesu einzulassen, soll dieses Buch gewidmet sein. Es möchte die Spannungen, in denen Sie als junger Mensch und Christ stehen, nicht verschweigen, sondern zur Sprache bringen. Es möchte Ihnen helfen, sich in diesen Spannungen zu bewähren. Wir stehen in dem Kampf, der uns verordnet ist, nicht auf einsamen Posten. Gottes Wort sagt: »Er aber, der Gott des Friedens, heilige euch durch und durch, und euer Geist samt Seele und Leib müsse bewahrt werden unsträflich auf die Zukunft unseres Herrn Jesu Christi. Getreu ist er, der euch ruft; er wird's auch tun« (1. Thessalonicher 5,23 f.).

II. Spannungsfelder

1. Vom Wachsen und Reifen

Vor einiger Zeit habe ich eine Blume wachsen sehen. Sie brach aus der Erde hervor, ruckte, zuckte, bog sich, streckte sich. Dann entwickelte sie im Nu ihre Blätter und entfaltete sie. Da sah man auch schon die grüne Knospe. Sie wurde dick und dicker, platzte auf – und fertig war die rote Rose. Zeitraffer.

Viele Stunden, viele Tage hatte man einfach übersprungen, ausgelassen. Nur ganz wenige Stadien im Wachsen der Blume waren aufgenommen, aneinandergereiht und dann vorgeführt worden. Skurrile, unnatürlich anmutende Bewegungen boten sich dem Betrachter. Natürlich war das Ganze irgendwie interessant. Dennoch: krampfhafte Zuckungen sind einer Rose nicht angemessen. Wer nur wenige Ausschnitte aus dem Werden einer Blume zeigt, hat sicher ein technisches Bravourstück zustandegebracht. Aber um das eigentliche Geheimnis des Geschöpfes »Rose« hat er uns betrogen. Das Geheimnis liegt jenseits aller Fotografierbarkeit. Es liegt gerade in dem Ausgelassenen, im stillen Wachsen.

Wachstum ist ein Geheimnis. Die biologischen und chemischen Abläufe können wir erklären; vor dem eigentlichen Geheimnis verstummt alle Wissenschaft. Wo hat das Wachstum seinen Ausgang genommen, woher hat es seine Kraft, und was ist sein Ziel? Wer erklärt mir das Geheimnis der Gestalt einer Blume, die kein Mensch erdacht hat und die ihn doch erfreut? Das beste, was wir mit einer Rose tun können, ist, sie wachsen zu lassen und uns nach langem Warten daran zu freuen, daß es etwas so Schönes gibt.

Vielleicht ist auch schon jemand darauf gekommen, das Wachsen eines Menschen im Zeitraffer darzustellen. Es ist kein angenehmer Gedanke, im Film zu sehen, wie sich die Glieder strecken, wie sich das Gesicht ruckartig verändert, die Gestalt in Zuckungen emporschießt. Aus einem Säugling in einer halben Minute einen starken Mann herauswachsen zu sehen – man erspare uns diesen

Anblick. Es kann nur komisch wirken, krampfhaft und unnatürlich.

Über dem Wachsen und Reifen liegt ein Geheimnis. Es geschieht im Eigentlichen unbemerkt, in der Stille, im Verborgenen. Man kann am Wachstum auch nicht »drehen«, darf nicht versuchen, es durch mechanische Eingriffe zu fördern. Man kann wohl die Bedingungen, unter denen Wachstum geschieht, verbessern. Das Wachstum selbst unterliegt jedoch nicht unserer Manipulierbarkeit und Machbarkeit.

Wenn Sie als junger Mensch Christ sind, haben Sie in besonderer Weise Anteil am Geheimnis, das über allem Wachsen und Reifen liegt. In »besonderer Weise« deshalb, weil Sie als natürlicher und geistlicher Mensch gleichzeitig heranwachsen und reifen. Sie leben gewissermaßen in zwei Existenzen, die allerdings zu einer unzertrennlichen Einheit zusammengewoben sind: in einer natürlichen und einer geistlichen Existenz. Manchmal gehen beide Hand in Hand, manchmal widerstreiten sie einander. Wo zwei Existenzweisen sich in einer Person zusammenfinden, tritt unendliche Bereicherung zutage. Gleichzeitig aber bleiben doppelte Auseinandersetzungen und Spannungen nicht aus. Der natürliche Wachstums- und Reifeprozeß nimmt Zeit in Anspruch. Geistlich gesehen muß man gewöhnlich auch erste zaghafte Schritte tun, erste Erfahrungen sammeln. Man verbucht erste Siege, erleidet erste Niederlagen. Erwachsen zu werden ist schön und spannungsvoll. Erste Schritte im geistlichen Leben zu tun ist ebenfalls schön und spannungsvoll. All das gleichzeitig zu erleben, ist doppelt schön – und doppelt spannungsvoll.

Was die *natürliche* Seite des Lebens angeht, so stehen junge Menschen den Entwicklungsjahren oft mit sehr gemischten Gefühlen gegenüber. Man eckt leicht an, macht vieles falsch. Sicher kennen Sie das: Die Eltern meckern, die Lehrer klagen, die Alten schütteln den Kopf. Sie ernten Widerspruch, wenn Sie eine ausgefallene Meinung zum Besten geben, finden wenig Anerkennung, wenig wirkliches Verständnis. Was wir gerne tun, dürfen wir nicht; was wir dürfen, wollen wir nicht. Uns fehlen Gelassenheit,

Sicherheit, Souveränität. Die Kräfte der Sexualität erwachen. Wie soll ich das alles einordnen? Wie soll ich mich dem anderen Geschlecht gegenüber verhalten? Und dann ist da der Leistungsdruck in der Schule oder am Arbeitsplatz – und, und, und.

Diese Unsicherheit ist die Kehrseite der »holden Jugendzeit«. Es gibt so viele Fragen, Nöte und Probleme, daß man als junger Mensch vollauf damit zu tun hat, sie einigermaßen zu bewältigen. Manchem wachsen die Probleme regelrecht über den Kopf. Die Spannungen, denen Sie von Natur her ausgesetzt sind, sind nicht gering. Darum möchten viele am liebsten die Entwicklung überspringen. »Wenn ich doch bloß älter wäre!« – Wie oft ist Ihnen dieser Satz wohl schon über die Lippen gerutscht!

In *geistlicher* Hinsicht kommen, wie wir sahen, manche zusätzliche Probleme auf Sie zu. Wer Christ ist, »wiedergeboren« sagt die Bibel, hat einen Anfang gemacht. Er hat angefangen, geistlich zu leben. Dieses neue Leben liegt aber nun wie ein unentdecktes, neues Land vor ihm. Es herrschen darin, wie im natürlichen Leben, Gesetzmäßigkeiten des Wachsens und Reifens. Wer begonnen hat, geistlich zu leben, wird bei aller Freude über dieses Leben bald feststellen, daß er sich darin zunächst nur sehr unsicher bewegen kann. Geistliches Wachstum vollzieht sich nicht ohne Schmerzen. Es gibt auch hier – wie beim Kleinkind – erste Gehversuche. Sie können auch hier stolpern und fallen, schwanken und anecken, enttäuscht werden und Niederlagen erleben.

Kaum ist man Christ, schon sieht man sich den spöttischen Bemerkungen seiner Kameraden ausgesetzt. Man bekommt Schlagworte serviert und ist zu Anfang einfach nicht in der Lage, schlagfertig zu antworten. Oder da sind die Eltern. Sie stehen oft völlig überrascht und hilflos vor der Tatsache, daß ihr Sprößling plötzlich betet, die Bibel liest, in eine christliche Gruppe oder Gemeinde geht und noch andere, für sie ganz und gar unverständliche Dinge tut. Bisher verstand man sich vielleicht ganz gut. Nun aber geht so etwas wie ein Riß durch die Familie. Beide Seiten – Eltern und junger Christ – sind unsicher. Unsicherheit aber macht aggressiv. Die Atmosphäre zu Hause ist spannungsgeladen. Man fühlt sich nicht besonders wohl in seiner Haut. Dazu kommen die Enttäuschungen, die man mit sich selbst erlebt. Bibellesen und Beten machen nicht nur Freude, sie bereiten auch manche Not. Als Sie einmal mutig Ihren Glauben hätten bekennen sollen, haben Sie vielleicht feige geschwiegen. Das geistliche Wachstum vollzieht sich so allmählich, daß Sie es kaum merken. Am liebsten möchten Sie vielleicht auch in geistlicher Hinsicht die Zeit des Wachsens und Reifens abkürzen, einiges überspringen. Niemand aber ist bisher im Zeitraffertempo zur geistlichen Mannesgröße herangewachsen. Alles hat seine Zeit, und alles braucht seine Zeit, auch und gerade das geistliche Wachstum.

Muß man nicht geradezu verzweifeln bei den vielen Problemen, die das Leben im Glauben mitbringt? Nein. Man sollte jedoch gewappnet sein, damit man den Schwierigkeiten nicht völlig ahnungslos begegnet. Sie sollten die Spannungsfelder, durch die Sie hindurchmüssen, im voraus kennen und sich darauf vorbereiten.

2. Sag »ja« zu dir selbst

Es gibt in der Nachfolge Jesu eine verhängnisvolle Niedergeschlagenheit. Sie erinnert an die schöne Tugend der christlichen Demut und ist doch eher das Gegenteil: Manche Christen haben so etwas wie »geistliche Minderwertigkeitskomplexe«. Man sieht auf reifere Christen und beginnt unmerklich, sich mit ihnen zu vergleichen. Dabei entdeckt man, was einem noch alles fehlt, und kommt verzagt zu dem Schluß: »So zu werden wie der oder die, das schaffe ich nie.«

Aber wo steht denn geschrieben, daß wir so werden müssen wie andere Christen? Wir sollen »die Wahrheit in Liebe festhalten«, sagt Paulus, »in allen Stücken hinanwachsen zu ihm, der das Haupt ist, Christus. Und von ihm aus vollbringt der ganze Leib, durch alle sich unterstützenden Gelenke zusammengefügt und zusammengehalten, *nach der jedem einzelnen Gliede zugemessenen Wirksamkeit* das Wachstum des Leibes zu seiner eigenen Auferbauung in Liebe« (Epheser 4,15–16; nach Zürcher; vgl. dazu auch Römer 12,3). Unsere Wirksamkeit ist uns also zugemessen. Jedem gab Gott ein anderes Maß. Es ist folglich töricht, sich mit anderen zu vergleichen. Darüber hinaus muß ich mir klar machen: Was Gott anderen vielleicht in Jahren und Jahrzehnten an geistlicher Reife geschenkt hat, das gibt er mir nicht einfach in wenigen Monaten oder wenigen Jahren.

Welches Gesetz stellt uns eigentlich unter solchen Leistungsdruck? Das Gesetz des Evangeliums ist es nicht. Das ermahnt uns zur Geduld und verweist auf stilles Wachstum. Es ist das Gesetz des geistlichen Ehrgeizes, das uns treibt. Das ist kein gutes Gesetz. Es endet entweder in geistlichem Hochmut oder eben im Gefühl der Minderwertigkeit.

Nehmen Sie sich ernst, aber nehmen Sie sich nicht so wichtig. Manche jugendliche Christen haben ein übertriebenes und darum krankes Interesse an sich selbst. Ständig betrachten sie die eigene Person, das eigene Christsein – kritisch oder auch wohlgefällig. Wenn man mit ihnen redet, so kennen sie nur ein Thema, »sich selbst«.

Wer oft auf sich selbst sieht, hat selten den Blick für den Nächsten frei. Bei der »geistlichen Nabelschau« wird die Nächstenliebe oft nur darum geübt, weil sie sich so schön auf das Konto der eigenen Ehre buchen läßt. Wer sich fromm in die Mitte stellt, tut zwar auch »Gutes« aber aus schlechten Motiven. Deshalb ist es wichtig, daß wir nicht zu sehr an uns selbst interessiert sind. Nehmen Sie sich ernst, aber nehmen Sie sich nicht so wichtig.

Im Reiche Gottes wächst alles. Auch unsere geistliche Reife fällt uns nicht von heute auf morgen in den Schoß. Wir müssen und sollen uns nicht übertrieben viel Gedanken über unseren eigenen Glauben, über unser eigenes geistliches Wachstum, über uns selbst machen. Als Christen können wir »wie Kinder fromm und fröhlich sein«, unbekümmert, weil Gott sich um uns kümmert. Geben Sie doch die Sorge um Ihren Glauben einfach ab. »Alle eure Sorgen werfet auf Ihn, denn er sorget für euch!« Denken Sie daran: Sie haben auf Ihr geistliches Wachstum keinen direkten Einfluß, wohl aber auf die Bedingungen, unter denen es geschieht. Für diese Bedingungen müssen wir uns allerdings einen wachen und nüchternen Blick erhalten.

Aber sonst gilt: Wir müssen und dürfen Geduld mit uns haben. Es wäre wohl auch kein Zeichen von geistlicher Reife, wenn jemand befriedigt feststellte, wie sehr er geistlich schon gewachsen ist. Je mehr wir nämlich geistlich wachsen, um so kleiner werden wir. Immer schärfer wird der Blick für die eigene Sünde, für die eigenen Grenzen. Es wächst aber auch die Erkenntnis, daß man – und ich bitte das richtig zu verstehen – Sünder sein darf, daß man Grenzen haben darf. Wir brauchen nicht verzagt zu sein und nicht zu verzweifeln. »Sag ja zu dir selbst« heißt auch: »Sag ja zu deinen Grenzen«. Was Gott liebt, sollten wir nicht verachten. Gott liebt Sie, darum verachten Sie sich nicht! Sie dürfen sich als ein von Gott geliebter Mensch sogar selber lieben. »Liebe deinen Nächsten *wie dich selbst*«, sagt Jesus. Damit ist nicht die Eigenliebe gemeint, die sogar über Leichen geht, sondern die Liebe, die in gesunder Weise auf sich selbst achtet, sich dem Leben gemäß verhält; die Liebe, die sich bewahrt und sich nicht verschleudert. Lernen Sie es, sich selbst zu bejahen, denn Sie sind bejaht. Nehmen Sie sich selbst an, denn Sie sind angenommen. Sie brauchen nicht mehr sein zu wollen, als Gott Ihnen im Augenblick ermöglicht. Er wird Sie langsam wachsen lassen. Zeitrafferchristen gibt es nicht.

Ihre Schwachheiten hindern Gott nicht, Sie zu lieben. Das ist wunderbar. Freuen Sie sich darüber! Wenn Sie feststellen, daß Sie *nichts* sind und *nichts* vermögen, brauchen Sie nicht traurig zu sein. Aus dem *Nichts* erschuf Gott diese Welt! Je weniger Sie sind, umso mehr kann er aus Ihnen machen.

3. Sag »ja« zu deinen Mitmenschen

Alles, was ich an wunderbarem Zuspruch Gottes auf mich beziehen kann, soll ich auch auf meine Mitmenschen anwenden. Ich bin von Gott unendlich geliebt. Mein Mitmensch aber ist das auch. Ich brauche viel Barmherzigkeit. Mein Mitmensch braucht sie auch.

Ich bin als Christ von Gott gesandt, um für bestimmte Menschen ein Bote der Barmherzigkeit zu werden. Darum will ich mich davor hüten, irgendeinem Menschen verschlossen, mißtrauisch oder unfreundlich zu begegnen. Ich werde deshalb nicht alles tun, was die Leute von mir erwarten. Aber ich will mich davor bewahren lassen, irgendeinen Menschen zu verachten, auch wenn er nicht glaubt, was ich für wahr erkannt habe.

Es gibt nicht nur eine Bekehrung zu Gott; es gibt auch eine Bekehrung zu den Menschen. Wen Gott zu sich gezogen hat, den möchte er zu den Menschen schicken. Wer bei Gott steht, der steht den Menschen bei.

Gott hat Sie lieb. Seine Liebe möchte jedoch bei Ihnen nicht in eine Sackgasse geraten. Sie möchte bei Ihnen nicht zu Ende sein. Sie möchte von Ihnen zu den anderen weitergehen. Gottes Liebe wird nur dadurch in unsere Welt getragen, daß wir sie nicht für uns behalten. Dazu ist notwendig, daß wir uns grundsätzlich zu den Menschen bekehren, nachdem wir zu Gott bekehrt sind.

Wir begeben uns damit nicht in eine falsche Abhängigkeit von den Menschen. Das wäre fatal. Wir sind abhängig von Gott und bleiben darum unabhängig von den Menschen. Wer Gott gehorcht, kann den Menschen nicht hörig werden, läßt sich nicht zum Spielball ihrer – oft fehlgeleiteten – Interessen machen. Die Hilfe, nach denen Menschen rufen, ist ja nicht immer die Hilfe, die sie wirklich brauchen.

Eines wollen wir immer mehr lernen: Wir wollen die Menschen in ihrer jeweiligen Situation verstehen. Dazu ist Einfühlungsvermögen nötig: Wir müssen wissen, wie ein Mensch empfindet, der vielleicht noch nie ernsthaft an Gott gedacht, geschweige denn geglaubt hat.

Wer die Menschen liebt, fängt auch an, sie zu verstehen; und wer die Menschen versteht, kann sie auch wirksam lieben. Sicher fällt es uns bei manchen Menschen schwer, sie zu lieben und gut zu behandeln. Dann sollten wir daran denken: So, wie wir einem solchen Mitmenschen begegnen, so begegnen wir unserem Herrn.

Bleiben Sie fest, wenn man Sie vom Wege des Gehorsams abbringen will. Aber Festigkeit und Klarheit müssen nicht ohne Liebe sein. Jesus will uns in den unbequemen, wenig liebenswürdigen Menschen begegnen. »Liebet eure Feinde«, hat er seinen Jüngern gesagt. Er hat das sagen können, weil er es selber getan hat.

Vielleicht denken Sie: Jetzt wird der Bogen überspannt. Ich kann zu bestimmten Menschen nicht freundlich sein. Ich kann sie nicht lieben. Dieser Einwand ist völlig berechtigt, denn kein Mensch kann jemanden lieben, den er nicht liebt. Wir sind darauf angewiesen, daß Jesus in uns das vollbringt, was wir von uns aus nicht vollbringen können. Wer Jesus aufgenommen hat, darf nun allerdings wissen: Jesus lebt in mir. Damit lebt aber auch seine Liebe in mir. Nehmen Sie seine Kraft zu lieben in Anspruch, besonders für Ihre unbequemen Mitmenschen. Wenn Sie solchen begegnen, dann sagen Sie sogleich Ihrem Herrn: »Herr, du weißt, ich kann ihn nicht lieben. Ich danke dir aber, daß du in mir das jetzt kannst.« Sie werden erleben, daß Sie den Betreffenden annehmen und lieben können, ohne etwas heucheln zu müssen, was nicht da ist.

Die Liebe erkaltet in unserer Welt immer mehr. Richten Sie deshalb Ihr ganzes Augenmerk darauf, daß Sie diese Kälte nicht vermehren. Bemühen Sie sich, die Wärme der Liebe Jesu auszustrahlen, die allein das Eis in den Herzen der Menschen auftauen kann. Lieben Sie Ihren Mitmenschen. Lieben Sie jeden Ihrer Mitmenschen. Üben Sie sich darin ein, von der Liebe Jesu zu nehmen, sonst wird es Ihnen nicht gelingen.

Wie kann man sich darin üben? Lesen Sie einmal Psalm 103. Da finden Sie den Satz: »Und vergiß nicht, was er dir Gutes getan hat.« Vergiß nicht! Denken Sie immer wieder daran. Bedenken Sie die Liebe und Güte Gottes. Stellen Sie sich viel und oft das Bild des Gekreuzigten vor Augen. Sie sind Gott seinen gekreuzigten Christus wert! Sie sind es, für den Jesus alles auf sich nahm. Staunen Sie über das Wunder der Liebe Jesu, die Ihnen gilt. Freuen Sie sich darüber. Leben Sie aus der Dankbarkeit. Wenn Sie Jesus vor Ihre Seele stellen, ihn, den Gekreuzigten, sehen, werden Sie sagen:

Herr, du bist um meinetwillen so niedrig geworden, sollte ich mich da über andere erheben? Du hast meine Schuld getragen, sollte ich sie anderen noch aufrechnen? Herr, du hast mich ganz angenommen, sollte ich da meinen Nächsten von mir weisen? Du hast um meinetwillen großes Leid getragen und warst nicht gekränkt, sollte ich da auf Kleinigkeiten immer noch beleidigt reagieren? Du hast mich mit Barmherzigkeit überschüttet, sollte ich da noch unbarmherzig sein? Du hast mich froh gemacht, sollte ich noch andere traurig machen wollen? Du hast mir das Heil gebracht, sollte ich da noch Unheil bringen?

Vergiß nicht, was er dir Gutes getan hat! Das Gute, was Gott dir tat, wird dich daran erinnern, zu anderen gut zu sein.

4. Sag »ja«, wenn du leiden mußt

Vielen Dingen in unserem Leben möchten wir ausweichen. Schwierigkeiten türmen sich wie Berge vor uns auf und wollen uns erdrücken. Vielleicht hat uns echtes, tiefes Leid überfallen. Schmerzen bohren sich in uns hinein, wie wir sie nie für möglich hielten. Wie werden wir aus dem Leid hervorgehen – als gebrochene Leute oder als geläuterte, gesegnete Menschen?

Beides ist möglich.

Vom Leid ist es nur ein kurzer Schritt zum Selbstmitleid. Wer der Versuchung zum Selbstmitleid erliegt, droht auf der ganzen Linie zu verlieren. Er wird leicht verletzbar, untüchtig zum Leben. Viele Tränen dieser Welt werden nicht aus Leid, sondern aus Selbstmitleid geweint. Wieviel Trauer um den verstorbenen Lebenspartner ist Selbstmitleid. Manchen kommen erst dann die Tränen, wenn sie daran denken, daß sie nun alleine sind.

Wer in Selbstmitleid verfällt, beraubt sich des Segens, der im Leiden verborgen liegt. Selbstmitleid ist enttäuschter Egoismus, Selbstsucht, die nicht zum Ziele kam. Leid ist dagegen die schwere Schule, in die Gott manche seiner Kinder schickt. Christen wissen, daß Leid keine Strafe Gottes für vergangene Sünden ist. Wo immer im Leid solche Gedanken in ihr Herz steigen, sind sie nicht von Gott. Sie sind vom Feind Gottes, der Ihnen die Gewißheit über die Vergebung Ihrer Sünden rauben möchte. Halten Sie sich an Gottes Wort: »Er handelt nicht mit uns nach unseren Sünden und vergilt uns nicht nach unserer Missetat.«

Je tiefer das Leid ist, durch das wir – von Gott geleitet – gehen müssen, um so größer ist der Segen, den wir davontragen. Leid ist kein Unglück. Gerade im Leid kann ich besonders die Nähe, die Treue, den Trost, die Führung Gottes erfahren. »Und ob ich schon wanderte im finsteren Tal, fürchte ich kein Unglück, denn du bist bei mir . . .« Leid an der Hand Gottes ist das tiefe Erlebnis, daß der gute Hirte bei mir ist. Wen die Hand Gottes durch Leid führt, den führt sie verwandelt, geläutert, gesegnet wieder heraus – das ist der tiefe Sinn des Leides. Wer die Schule des Leides absolviert hat, kann mitleiden, wenn andere leiden. Wenn Gott Sie leiden läßt, denkt er schon an andere Menschen, die durch Ihr Leid gesegnet werden. Wenn Gott Sie leiden läßt, hat er noch viel mit Ihnen vor.

Darum sag »ja« zu dem Leid, durch das Gott dich führt. Es gibt Dinge, die kann man nicht ändern. Was man aber nicht ändern kann, muß man erleiden. Zu solchem Unabänderlichem sag »ja«. Das »Nein« verkrampft, macht ängstlich, unsicher, negativ. Das »Ja« entkrampft, macht tapfer und positiv.

»Wir wissen aber, daß denen, die Gott lieben, alle Dinge zum Besten dienen«, sagt Paulus. Alle Dinge? Ja, alle Dinge! Dem ist nichts hinzuzufügen.

5. Sag »ja«, wenn es gilt, etwas zum Guten zu verändern

Nicht alles Leid und Elend ist unabänderlich. Nicht alle Schwierigkeiten sind so geartet, daß man sie erdulden und bejahen muß. Es gibt Probleme, denen müssen wir uns entgegenwerfen, um sie zu besiegen und um sie aus der Welt zu schaffen.

Vielleicht haben Sie es nie gelernt, konzentriert und beharrlich als Schüler zu arbeiten. Dann können Sie nicht einfach sagen: »Das ist nun einmal nicht zu ändern; ich muß es eben erleiden.« Es ist kein gutes Zeugnis für unseren Herrn, wenn wir die weltlichen Dinge wie Schule und Beruf nicht geistlich durchdringen. Es ist kein gutes Zeugnis für unseren Herrn, wenn wir uns in diesen Bereichen faul, unkonzentriert und lasch verhalten. Schule und Beruf sind zwar nicht mehr die Hauptsache unseres Lebens. Die Hauptsache ist Jesus Christus. Er aber weist uns gerade an *diese* Aufgaben. Er nimmt nämlich die geschichtliche Situation, in der wir stehen, sehr ernst. Er will, daß wir der Situation, in die er uns ja hineingestellt hat, nicht ausweichen. Schüler, die Christen sind, nehmen ihre Aufgabe von Gott her ernster, als es andere können. Sie haben ein geistliches Motiv für ihre weltlichen Aufgaben.

Vielleicht will Gott, daß Sie einmal ganz in seinen Dienst treten. »Mein Äußerstes für Sein Höchstes« soll unser Leitwort sein. Solange Sie Schüler sind, gilt das für die Schule. Ihr Bestes ist für Jesus Christus gerade gut genug. Entwickeln Sie die Gaben, die Gott Ihnen gab! Lassen Sie sie nicht versanden. Greifen Sie die Probleme, die Schule oder Beruf Ihnen bereiten, entschlossen an. Paulus sagt: *»Alles,* was ihr tut mit Worten oder mit Werken, das tut alles in dem Namen des Herrn Jesu, und danket Gott dem Vater durch ihn« (Kolosser 3,17).

Packen Sie besonders die Probleme an, die andere Menschen betreffen. Vielleicht lebt ein Mensch in Ihrer Nähe, der wenig Liebe und Anerkennung erfährt. Es kann ein Mitschüler sein, ein Arbeitskollege, es kann auch Ihre eigene Großmutter sein. Das Naheliegende übersieht man leicht.

Nehmen Sie es nicht einfach hin, daß diesem Menschen genommen wird, was er braucht, um froh zu sein. Machen Sie sich entschlossen an die Aufgabe. Schaffen Sie das Problem aus der Welt! Kümmern Sie sich um diesen Menschen! Wenden Sie sich ihm zu. Schenken Sie ihm Ihre Zeit.

Sag »ja«, wenn es gilt, etwas zum Guten zu verändern. Richten Sie sich dabei nicht nach denen, die dauernd von sozialer und politischer Verantwortung reden, auch wenn sie es noch so gut begründen. Sie wollen Ihnen die Verantwortung für die ganze Welt aufbürden, nehmen aber selbst oft die Verantwortung, die sie für ihren kranken Vater haben, nicht einmal zur Kenntnis. Sie sind nicht für die ganze Welt verantwortlich, und alle Weltprobleme können Sie nicht lösen. Glauben Sie denen nicht, die so tun, als müßten Sie für die Sünden und Verfehlungen der ganzen Welt geradestehen. Lassen Sie sich von ihnen keine Probleme einreden. Sie kennen den Erlöser nicht und meinen, wir müßten uns selbst erlösen.

Die Aufgaben und Probleme aber, die Gott Ihnen vor die Füße legt, die konkreten, ganz naheliegenden Dinge, greifen Sie beherzt auf.

Sag »ja«, wenn es gilt, etwas zum Guten zu verändern!

6. Wenn die Eltern gegen Ihren Glauben sind

Eckehardt kam nach dem Vortrag zu mir. Er hatte noch einige Fragen. Wir nahmen uns Zeit. Seit fast zwei Jahren sei er nun bewußter Christ. Mitarbeiter in der Gemeinde war er inzwischen. Er erzählte aus seinem Leben, von seiner Familie.

»Wie ist es mit deinen Eltern?« fragte ich.

»Ach!« Er machte eine Handbewegung als seien sie gestorben.

»Was ist?«

»Mein Vater ist der letzte Mensch.«

»Und deine Mutter?«

»Dasselbe.«

»Wieso?«

»Zu Hause ist dauernd Streit. Sie verstehen mich absolut nicht.«

»Verstehst du sie denn?«

Eckehardt blickte erstaunt auf. Er war zutiefst davon überzeugt, daß jeder Mißklang in der Familie von den Eltern käme und, daß es natürlich die Aufgabe der Eltern wäre, *ihn* zu verstehen und nicht etwa umgekehrt.

Eckehardt ist einer der vielen jungen Christen, deren Eltern nicht damit einverstanden sind, daß ihr Kind plötzlich »fromm« geworden ist. Gegen einen »regelmäßigen« Kirchenbesuch einmal im Jahr am Heiligen Abend hatten sie nie etwas einzuwenden. Aber daß der Sprößling nun jeden Sonntag in die Gemeinde geht und wochentags dann auch noch – das ist ja wohl zu viel des Guten. Eckehardt steckte voller Vorwürfe gegen seine Eltern.

Geht es Ihnen ähnlich wie ihm? Vielleicht sind Sie von Vater und Mutter ziemlich enttäuscht. Sie haben Ihnen immer das Schönste und Beste gewünscht. Nun ist Ihnen das Schönste widerfahren, das es geben kann. Sie sind zum Glauben an Jesus Christus gekommen. »Die Eltern müßten froh sein«, denken Sie. Das Gegenteil aber ist der Fall. Die Eltern sind verärgert oder gar entsetzt.

Vielleicht haben Sie ihnen wie Eckehardt gesagt: »Hört mal her. Bis jetzt habt ihr alles falsch gemacht. Vom Wichtigsten habt ihr keine Ahnung. Vater, du bist auf dem Holzweg des Unglaubens. Suche Jesum und sein Licht, alles andre hilft dir nicht!« Anstatt daß Ihr Vater Ihnen nun begeistert um den Hals fiel, hat er nur gesagt: »Deinen ›Jesum‹ kannst du dir an den Hut stecken.« Sie sind tief verärgert, glauben, Vater und Mutter seien borniert, sie hätten keinen Sinn für die ganz großen Dinge.

Fangen Sie an, Ihre Eltern zu verstehen! Wenn sie ein Leben lang ohne lebendigen Glauben gelebt haben, so muß all das sehr befremdlich auf sie wirken. Bewahren Sie sich ein Gespür für ihre Empfindungen! Sie müssen ärgerlich oder ironisch reagieren. Sie können nicht anders.

Seien Sie barmherzig! Ihren Eltern vorzuwerfen, sie hätten Ihnen das Schönste vorenthalten, ist nicht sachlich. Sie kannten dieses Schönste nicht und konnten Sie darum auch nicht damit bekanntmachen.

Werfen Sie nicht mit frommen Worten um sich! Sie helfen nicht, weil sie nicht verstanden werden. Wenn Sie anfangen, Ihrer Mutter regelmäßig den Mülleimer rauszutragen, so zeugt das mehr davon, daß sich bei Ihnen etwas geändert hat, als wenn Sie es immer nur entschieden behaupten.

Zeigen Sie Ihren Eltern Ihre Liebe. Lassen Sie sie spüren, daß Sie sie jetzt, seit Jesus in Ihnen lebt, mehr lieben als vorher. Lieben Sie sie auch dann, wenn sie Dinge tun, die Sie als Sünde erkannt haben. Jesus hat die Sünder aus ihrem Elend herausgeliebt und hat ihnen keine moralischen Tiefschläge versetzt.

Versuchen Sie nicht, Ihre Eltern »auf Teufel komm heraus« zu missionieren. Reden Sie mehr mit Gott über Ihre Eltern als mit Ihren Eltern über Gott. Beten Sie für Vater und Mutter!

Bemühen Sie sich, viele menschliche Brücken zu Ihren Eltern zu bauen. Das Evangelium läßt sich nur über menschliche Brücken zu den anderen tragen. Hüten Sie sich vor dem falschen Eifer, der unnötigerweise Brücken einreißt. Seien Sie ein fröhlicher Christ, aber kein religiöser Fanatiker.

Ob es Ihnen gelingt, Humor zu entwickeln? Ob es Ihnen gelingt, nicht enttäuscht zu sein? Enttäuschungen über Menschen gehen meistens auf das Schuldkonto zu hoher Erwartungen zurück. Wer zu hohe Erwartungen an seine Eltern hat – zu hoch, als daß sie sie im Moment erfüllen könnten –, zwingt Enttäuschungen unausweichlich herbei. Erwarten Sie in geistlichen Dingen nicht zu viel von Ihren Eltern, dann bleiben Sie vor Enttäuschungen bewahrt. Erwarten und erbitten Sie vielmehr von Gott, daß er an Ihren Eltern arbeitet. Ihr Herr möchte Sie übrigens gern als sein Werkzeug in dieser Sache gebrauchen. Wenn durch Ihr Leben Ihren Eltern der Glaube an Gottes Liebe und Güte leichter fällt, sind Sie ihnen ein Bote Gottes, ein Engel, geworden. Engel keifen nicht, sie sind nicht bockig und gekränkt, nicht fanatisch, unfreundlich, verschlossen und störrisch. Engel lieben die Menschen, zu denen sie gesandt sind. Sie haben in der Regel eine frohe Botschaft zu vermelden. Wenn Sie Ihren Eltern nicht mit der Liebe Jesu begegnen, haben Sie nichts zu melden, können kein Bote Gottes, kein Engel für sie sein.

> »Wenn ich mit Menschen- und mit Engelszungen redete und hätte der Liebe nicht, so wäre ich ein tönend Erz oder eine klingende Schelle . . .
> Die Liebe ist langmütig und freundlich, die Liebe eifert nicht,

die Liebe treibt nicht Mutwillen, sie blähet sich nicht, sie stellet sich nicht ungebärdig, sie suchet nicht das Ihre, sie läßt sich nicht erbittern, sie rechnet das Böse nicht zu, sie freuet sich nicht der Ungerechtigkeit, sie freuet sich aber der Wahrheit; sie verträgt alles, sie glaubet alles, sie hoffet alles, sie duldet alles . . .« (1. Korinther 13).

Ich habe es manches Mal erlebt: Kaum wurde jemand Christ, fing er an, in scharfer gesetzlicher Weise anderen das Evangelium an den Kopf zu werfen, so daß dem »Getroffenen« Hören und Sehen verging. Durch diese Art der »Verkündigung« ist noch nie jemand zum Glauben gekommen. Im Gegenteil. Das Evangelium verträgt nur die Verkündigung, die aus der Liebe Jesu entspringt. Verkündigung, die aus Ärger, falschem Eifer oder Rechthaberei geschieht, hat keine Verheißung. Auf solchem Wege verwandelt sich die gute Botschaft in eine schlechte Botschaft, in Gesetz. Da wird das schöne Evangelium häßlich gemacht, die leichte Last zur schweren Bürde. Sie erdrückt den anderen, engt ein, macht Angst. Sie zerstört die Freude und die Sehnsucht nach Gott. Das ist der Sündenfall mancher Christen, daß sich ihr alter Adam des Evangeliums bemächtigt und damit selbst der Macht des Evangeliums entflieht. Man macht sich zum Gerichtsvollzieher Gottes und vergißt, daß Gott durch uns seine Barmherzigkeit vollziehen wollte. Wenn Sie Ihren Eltern das Evangelium so sagen, daß sie dadurch überfordert oder gar gekränkt werden, so haben Sie das Evangelium zum Gesetz gemacht. Das Gesetz aber richtet nur Zorn an (Römer 4,15).

Wir müssen also einsehen, daß das Evangelium uns nicht einfach verfügbar ist. Es läßt nicht mit sich machen, was wir wollen. Es ist ja lebendiges Wort Gottes. Es entzieht sich uns, wenn wir es aus lieblosen Gründen in den Mund nehmen. Sie denken vielleicht: »Was kann daran falsch sein, wenn ich meinen Eltern das Evangelium sage? Das ist doch mein Auftrag. Also ist es richtig.« Nicht alles, was dem Buchstaben nach richtig ist, ist dem Geiste nach auch wahr. Wahr ist, daß nur die Sprache der Liebe die Herzen erreicht. Wer Menschenfischer für Jesus sein will, muß schon sein Herz an die Angel hängen, sonst fängt er nichts.

Es gibt gläubige Jugendliche, die schleudern ihren Eltern das Evangelium so hart entgegen, daß diesen jede Möglichkeit genommen ist, es auch aufzufangen. Es prallt an ihnen ab.

Ich esse schrecklich gern Sahnetorte. Wenn jemand käme und mir eine an den Kopf würfe, so wäre mir sicher jeder Appetit vergangen. Das wäre nichts als eine Kränkung und Beleidigung. Wenn man mir die Torte aber gut und freundlich serviert, nehme ich gerne davon. Servieren Sie Ihren Eltern das Evangelium so, daß sie Appetit bekommen!

»Was der Bauer nicht kennt, frißt er nicht«, resignieren Sie vielleicht. Das ist ein Sprichwort, aber kein Gotteswort. Alle Menschen haben Sehnsucht nach dem Leben, d. h. Sehnsucht nach Gott. Ihre Eltern haben sie auch. Wenn Sie liebend und barmherzig mit ihnen umgehen, wird das nicht spurlos an ihnen vorübergehen.

Wahrheit kann ohne Liebe sehr unbarmherzig werden. Stellen Sie die Liebe stets über die Wahrheit. Beide sollen nie ohne einander sein. Die Wahrheit aber muß im Dienste der Liebe stehen. Lieblose Wahrheitsfanatiker richten nichts Gutes an. Jemanden mit der Wahrheit zu erschlagen, ist auch Mord!

»Da habe ich aber einiges falsch gemacht, denken Sie jetzt vielleicht. Und nun?« Vor allem eins:

Verfallen Sie bitte nicht in quälende Selbstanklage. Beginnen Sie sofort mit der Umkehr. Bitten Sie Jesus um Vergebung. Er vergibt auch unsere frommen Lieblosigkeiten. Dann fangen Sie an, für Ihre Eltern zu beten. Es fällt schwer, jemandem, für den man gebetet hat, hinterher noch lieblos zu begegnen.

Es kommt gelegentlich vor, daß Eltern ihren Kindern, die Christen geworden sind, verbieten, in den Jugendkreis zu gehen. Es ist für Ihren Glauben aber wichtig, daß Sie regelmäßig unter Gottes Wort kommen und in einen Kreis von Christen gehen, der geistlich lebendig ist. Verbieten Ihnen die Eltern das, so dürfen Sie sich liebevoll, aber entschieden dagegen verwahren. Hier gilt der Satz: »Man muß Gott mehr gehorchen als den Menschen.«

Mit diesem Satz sollten wir allerdings äußerst sparsam umgehen. Er ist nicht so leicht und so oft anwendbar, wie wir vielleicht meinen. Es kann auch geschehen, daß Gott uns durch ungläubige Menschen zum Gehorsam ruft. Wenn Ihre Eltern über Ihren Glauben schimpfen, weil Ihre Noten in der Schule immer schlechter werden, vernehmen Sie aus ihrem Munde sehr wahrscheinlich eine christliche Predigt. Der Glaube, der zuläßt, daß man die Schule nicht mehr ernstnimmt, ist kaum noch ein christlicher Glaube. So etwas kann man bestenfalls einen christlichen Irrtum nennen, und davor sollten wir uns hüten.

Ein Wort über die Großeltern. Sie leben oft am Rand, werden abgeschoben und links liegengelassen. Das tut ihnen weh. Bestimmt haben wir als Christen hier eine besondere Aufgabe. Vielleicht leben Ihre Großeltern in einem Altersheim. Wie wäre es mit regelmäßigen Besuchen? Erzählen Sie ihnen von allem, was Sie erleben. Erzählen Sie ihnen auch von Ihrem Glauben an Jesus Christus. Ist es nicht möglich, sie oft zu besuchen, weil sie weit weg wohnen, so schreiben Sie ihnen wenigstens häufig. Sie ahnen nicht, welche Freude Sie ihnen damit bereiten!

Es gibt allerdings auch Eltern und Großeltern, die Ihre christliche Gesinnung geradezu ausnützen möchten. Manche Menschen sind so ichbezogen, daß sie die ganze Welt für ihre Zwecke einspannen wollen – selbst ihre Kinder oder Enkelkinder. Sie stehen ständig mit der Forderung da: »Wenn du ein gutes Kind sein möchtest – oder ein guter Christ –, dann mußt du mich besuchen, beschenken und bedenken.« Solchen Umklammerungen sollten Sie sich bewußt entziehen. Christen sind nicht dazu da, die Forderungen von Egoisten zu erfüllen. Liebe kann in solchem Falle darin bestehen, daß man klar und entschieden gewisse Ansinnen abweist. Wir lassen uns die Nächstenliebe nicht von den Menschen vorschreiben, sondern von unserem Herrn. Nächstenliebe ist nicht weich, sentimental und ohne Rückgrat. Nächstenliebe kann – wenn es angebracht ist – auch unnachgiebig sein. Fragen Sie nicht danach, was die Leute von Ihnen *möchten*. Fragen Sie danach, was die Betreffenden von Gott her wirklich *brauchen*. Für

Egoisten ist es heilsam, wenn sie in ihren Forderungen zurückgewiesen werden. *Das* dient ihnen mehr als falsche Ergebenheit.

Ein Spannungsfeld besonderer Art soll an dieser Stelle nicht unerwähnt bleiben.

Es gibt Familien, die allgemein als »kirchlich« gelten. Kirchlich ist man in der Landeskirche immer dann, wenn man gelegentlich zur Kirche geht, eine positive Einstellung zum Christentum hat, und auch hier und da eine feste Aufgabe in der Gemeinde übernimmt. Das ist aller Ehren wert, und es liegt mir fern, das zu verachten. Ob jemand allerdings Christ ist, darüber sagt das Wort »kirchlich« nichts aus. Fragt man kirchliche Leute, ob sie sich als Christen verstehen, so sagen sie gern: »Ich versuche einer zu sein.« Das klingt zwar sehr demütig, ist aber nichts anderes als eine Verdrehung des Evangeliums. Hier hängt es plötzlich von der moralischen Qualität des Menschen ab, von seinen unter Umständen geglückten Versuchen, ob man Christ ist oder nicht. Der demütig klingende Satz entpuppt sich bei näherem Hinsehen als ein Satz, der den Menschen und seine Bemühung in die Mitte stellt. Das ist Heidentum, das sich christlich gibt. Man glaubt, daß es darauf ankomme, ein guter Mensch zu sein und es mit der Kirche zu halten. Das würde Gott schon irgendwie honorieren. Welch ein schrecklicher Irrtum! Christen sind keine »guten Menschen«. Christen sind begnadigte Sünder, die den Erlöser von Golgatha als ihren persönlichen Herrn und Heiland aufgenommen haben. Christen haben nur einen Ruhm:

»Christi Blut und Gerechtigkeit,
das ist mein Schmuck und Ehrenkleid,
damit will ich vor Gott bestehn,
wenn ich zum Himmel werd eingehn« (EKG. 273).

So lieblos es wäre, kirchlichen Leuten ihren Irrtum einfach pharisäisch vorzuwerfen, so lieblos wäre es aber auch, sie in ihrem Irrtum zu belassen. Ohne Umkehr zu Jesus Christus, ohne den Glauben, daß alle Erlösung allein von ihm her geschenkt wird, kann man kein Christ sein. Ohne solche Bekehrung kommt nicht einmal ein Bischof in den Himmel.

Wie ist das eigentlich mit der Bekehrung?

Vielleicht sind Sie durch eine bewußt erlebte Umkehr zum Glauben an Jesus Christus gekommen. Sie dürfen sich daran freuen und Ihres Heiles gewiß sein! Bedenken Sie aber, daß Gott andere Menschen auch anders führt. Es gibt Menschen, die langsam in den Glauben hineinwachsen. Besonders in den Landeskirchen, in denen die biblische Bekehrungspredigt mancherorts verstummt ist, geschieht das, allen Unkenrufen zum Trotz, immer wieder. Gott kommt auch hier zu seinem Ziel. Sie haben kein Recht, diesen Weg zum Glauben abzuwerten, nur weil Sie anders geführt worden sind.

Wenn Ihre Eltern jedoch nur »kirchlich« sind, *ohne* Christen zu sein, wenn sie von einer persönlich erfahrenen Wiedergeburt und Heilsgewißheit nichts wissen und *nichts wissen wollen,* dann sind Sie mit Ihrem Glauben in eine besondere Spannung gestellt. Es gibt kirchliche Eltern, die jeden lebendigen Glauben als sektiererisch verdächtigen.

Bernhard war auf einer Evangelisation zum lebendigen Glauben an Jesus Christus gekommen. Er hatte etwas von der Freude verspürt, die einen Menschen berührt, wenn die Gewißheit des ewigen Lebens in sein Herz kommt. Zu Hause sagte er zu seinen kirchlichen Eltern: »Eigentlich bin ich jetzt erst wirklich Christ geworden.«

Die Eltern hatten ein komisches Gefühl bei diesen Worten. Sie waren aber nicht weiter beunruhigt, weil sie die Tragweite von Bernhards Veränderung noch nicht erkannten. Mit der Zeit aber wurden sie nervös. Bernhard las die Bibel. Das hielten sie für übertrieben. Bernhards Engagement in der Gemeinde wurde intensiver. Das ärgerte sie. Als Bernhard gar sagte, daß er vielleicht einmal ganz in einen Dienst für seinen Herrn und seine Kirche treten wolle, da brannten bei den Eltern zunächst einmal alle »Sicherungen« durch. Sie waren außer sich und fassungslos.

Warum reagieren gerade »kirchliche« Eltern so allergisch, wenn ihre Kinder zum lebendigen Glauben kommen? Die Antwort liegt auf der Hand. Ihre Kirchlichkeit ist durch den Glauben der Kinder in eine Krise geraten. Deren persönlicher Glaube an Jesus Christus ist eine ständige Anfrage an ihre unpersönliche Kirchlichkeit. Eine konsequenzlose Kirchlichkeit fühlt sich durch einen lebendigen Glauben an Jesus Christus aus seiner Friedhofsruhe aufgeschreckt und herausgefordert. Das ist immer so gewesen und wird immer so sein.

Als junger Christ erleben Sie nun etwas von dem Schmerz, den Jesus Christus in Matthäus 10,34–39 angekündigt hat:

> »Ihr sollt nicht wähnen, daß ich gekommen sei, Frieden zu bringen auf die Erde. Ich bin nicht gekommen Frieden zu bringen, sondern das Schwert.
> Denn ich bin gekommen, den Menschen zu erregen wider seinen Vater und die Tochter wider ihre Mutter und die Schwiegertochter wider ihre Schwiegermutter.
> Und des Menschen Feinde werden seine eigenen Hausgenossen sein.
> Wer Vater oder Mutter mehr liebt als mich, der ist mein nicht wert; und wer Sohn oder Tochter mehr liebt als mich, der ist mein nicht wert.
> Und wer nicht sein Kreuz auf sich nimmt und folgt mir nach, der ist mein nicht wert.
> Wer sein Leben findet, der wird's verlieren; und wer sein Leben verliert um meinetwillen, der wird's finden.«

Ihre Eltern werden nichts unversucht lassen, Sie von Ihrer »extremen Richtung« abzubringen. Daß sie damit Ihre Seele vergewaltigen, kommt ihnen nicht in den Sinn. Überdies entwickeln sie eine seltsame Logik: Weil es Ihnen nicht leichtfällt, in der Nähe derer, die Ihren Glauben zerstören wollen, heiter und fröhlich zu sein, machen sie Ihnen Ihre verständliche Niedergeschlagenheit zum Vorwurf: »Früher warst du viel froher als jetzt.« Daß gerade *sie* es sind , die Ihnen das Lachen zu Hause schwer werden lassen, würden sie nur dann verstehen, wenn sie sich sebst »dermaleins bekehren« (so Jesus zu Simon Petrus; Lukas 22,32).

Ich weiß aus vielen so gearteten Fällen, welch schwere Last Ihrem jungen Glauben hier zugemutet wird. Plötzlich die eigenen

Hausgenossen zum Feinde zu haben, ist ein bitterer Wermutstropfen im Freudenwein des Evangeliums.

Denken Sie daran, daß Jesus diese Situation in seiner Rede an die Jünger (s.o. Matthäus 10), vorausgesehen hat. Im gleichen Kapitel hat er uns seine unmittelbare Nähe, Wertschätzung und Bewahrung zugesagt:

> »Kauft man nicht zwei Sperlinge um einen Pfennig? Dennoch fällt deren keiner auf die Erde ohne euren Vater. Nun aber sind auch eure Haare auf dem Haupte alle gezählt. Darum fürchtet euch nicht; ihr seid besser als viele Sperlinge.«

Stärken Sie sich an diesem Wort! Sie sind in den Spannungen, die Sie erleben, nicht allein. Jesus hat sie übrigens auch in seinen Erdentagen erleiden müssen. Wer ihm nachfolgt, wird in manchem Ähnliches erleben wie er. Seine eigene Familie sagte, als er sich nicht einmal Zeit zum Essen nahm: »Er ist von Sinnen« (Markus 3,20–21). Sie haben schlicht und ergreifend geglaubt, er sei wahnsinnig.

Ein anderes Mal begab sich Folgendes:

> »Da er noch zu dem Volk redete, siehe, da standen seine Mutter und seine Brüder draußen, die wollten mit ihm reden. Da sprach einer zu ihm: ›Siehe, deine Mutter und deine Brüder stehen draußen und wollen mit dir reden.‹ Er antwortete aber und sprach zu dem, der es ihm ansagte: ›Wer ist meine Mutter, und wer sind meine Brüder?‹ Und er reckte die Hand aus über seine Jünger und sprach: ›Siehe da, das sind meine Mutter und meine Brüder! Denn wer den Willen tut meines Vaters im Himmel, der ist mein Bruder und meine Schwester und meine Mutter‹« (Matthäus 12,46–50).

Die Angehörigen Jesu stehen »draußen« heißt es. Jesus wird demnach in einem Hause gewesen sein. Aber ob dieses zweimal betonte »draußen« nicht doch einen tieferen Sinn hat? Sie waren noch »draußen«, außerhalb der Jüngerschaft Jesu. Seine Angehörigen waren damals im geistlichen Sinn noch nicht seine »Brüder und Schwestern«, wie eindeutig zu erkennen ist. Es ging ein Riß durch die irdische Familie Jesu.

Was eine Familie zusammenhält, ist die personhafte Bindung

und nicht einfach die biologische Abhängigkeit. Das Verhältnis zwischen Eltern und Kindern beruht ebenfalls im Wesentlichen auf solcher personhaft-geschichtlicher Bindung. Die Bindungen zu Gott, dem Vater, sind allerdings größer als die natürlichen Bindungen einer Familie sein können. Die engste Bindung, die es gibt, ist die Bindung an Gott.

Soll damit einer Auflösung der Familie das Wort geredet werden? Keineswegs! Es geht darum, daß die Familie gerade ihre unvergleichliche Anerkennung erfährt. Die Familie gehört mit zu dem Höchsten, was es auf Erden gibt. Gerade darum wird sie aber durch das überboten, was höher ist: die Bindung an Gott. Sie ist stärker, als die engste Bindung unter Menschen sein kann.

Wie soll man sich in dem nicht leichten Konflikt, in dem man mit seinen »kirchlichen« Eltern steht, verhalten?

> »Du sollst lieben, Gott deinen Herrn, von ganzem Herzen, von ganzer Seele und von ganzem Gemüte. Dies ist das vornehmste und größte Gebot. Das andere aber ist dem gleich: Du sollst deinen Nächsten lieben, wie dich selbst« (Matthäus 22,37–40).

Das Doppelgebot der Liebe ist der Wille Gottes an uns – in jeder Situation! Bleiben Sie fest im Glauben und in der Nachfolge Ihres Herrn. Bekennen Sie ihn in Wort und Tat in Ihrer Familie. Aber das andere gilt auch: Wenn zwischen Ihnen und Ihren Eltern zeitweilig so etwas wie Feindschaft steht um Jesu willen, so sind Sie nicht aus der Pflicht entlassen, sie dennoch zu lieben. Versuchen Sie – wieder möchte ich es sagen –, Ihre Eltern zu verstehen. Das Paradoxe der Situation ist ja: Sie meinen es durchweg gut, wenn sie versuchen, Ihnen den lebendigen Glauben an Jesus auszureden. Sie spüren, daß ein Riß durch die Familie geht. Es wäre geradezu unnatürlich, würden sie darauf gelassen reagieren. Sie möchten den Familienfrieden wiederherstellen. Daneben steht ihre große Sorge um ihre Tochter oder ihren Sohn. Sie wissen ja nichts vom geistlichen Geborenwerden, Wachstum und Reifen eines Christenmenschen. So wissen sie auch nicht, daß manche Ihrer Äußerungen und Reaktionen als »Anfänger im Glauben« auch noch unbedacht und unausgeglichen sind.

Besonders erschreckt manche Eltern die »Einseitigkeit«, die mit dem gewonnenen Glauben ihrer Kinder einhergeht. Vielleicht haben Sie sich von manchem abgewandt, was bisher Ihre Zeit ausgefüllt hat. Solche Veränderung ist für die Eltern besorgniserregend. Mir haben einmal derart besorgte Eltern gesagt: »Andere gehen samstags zum Tanzen, und unser Jürgen liest derweil christliche Bücher. Schrecklich! Daß das nur niemand erfährt. Der Junge ist ja richtig unnormal.« So einfach ist das. Was die Masse tut, die nichts von der Wahrheit weiß, wird zur Norm erhoben. Wer sich dieser Massennorm, die eine Massendiktatur ist, nicht beugt, der ist eben – unnormal. Er ist es wenigstens in den Augen seiner »normalen« Eltern.

Die Eltern wissen nicht, wie gesund Ihre derzeitige Einseitigkeit ist. Sie sind Christ geworden. Nun beginnen Sie, Ihren Standpunkt, den Sie grundsätzlich im Glauben bereits eingenommen haben, instinktiv auch geistig und geistlich zu durchdringen. Um einen Kreis zu schlagen, muß man zunächst die Mitte finden. In diese Mitte stellt man den Standschenkel des Zirkels. Solange der Standschenkel nicht fest und sicher steht, kann man keine Kreise schlagen. Die Phase der Einseitigkeit, die Sie vielleicht zur Zeit durchlaufen, ist für Ihren Glauben und für Ihr Leben wichtig. Sie müssen ja Ihren Standpunkt geistig klären; die Mitte, der Sie sich anvertraut haben, müssen Sie immer mehr erkennen. Die Einseitigkeit, die eine totale Veränderung Ihres bisherigen Lebensstils mit sich führen kann, ist nur zu begrüßen. Ich habe im Gegenteil etliche Bedenken bei Menschen, die Christen werden, deren ganze Lebensführung aber einfach so weitergeht wie bisher.

Leisten Sie sich also getrost diese vorübergehende geistliche Einseitigkeit. Je klarer Sie Ihren Standpunkt im Glauben finden, um so größere und weitere Kreise können Sie einmal schlagen. Sie gehören damit später zu den wenigen Menschen, die die Vielfalt dieser Welt von der eigentlichen Mitte her – von Gott – verstehen und meistern. Wenn Sie Gott richtig kennenlernen, wird Ihnen auch klar, daß diese Welt die Welt Gottes ist. Um seinetwillen wird sie Sie eines Tages auch wieder interessieren – ohne daß Sie sich darin verlieren. Ihre besorgten Eltern sehen im Moment nur Ihre dem Glauben gemäße, entwicklungsbedingte Welt*ab*geschiedenheit. Sie wissen nicht, daß das zum notwendigen Prozeß gehört, der Sie zu einer gesunden, glaubensgemäßen Welt*zu*gewandtheit führen wird.

Versuchen Sie, Ihre Eltern in ihrer Sorge – auch wenn sie unbegründet ist – zu verstehen. Wenn natürliche Menschen Geistliches beurteilen, so können sie kaum zu anderen Resultaten kommen, wie die natürliche Familie Jesu damals auch: »Er ist von Sinnen.« Anderes konnten sie nicht denken. »Der natürliche Mensch vernimmt nichts vom Geiste Gottes; es ist ihm eine Torheit, und er kann es nicht erkennen; denn es muß geistlich beurteilt sein« (1. Korinther 2,14).

»Mein Junge hat einen religiösen Spleen«, sagte mir einmal ein Vater, dessen Sohn zum Glauben gekommen war. »Es ist jammerschade um den Jungen. Konnte er nicht so bleiben, wie die anderen, seine Freunde, auch?« Der »Junge« der inzwischen ein gesegneter Verkündiger des Evangeliums ist, sagte mir dagegen: »Wenn ich heute meine alten Freunde besuche, dann erschrickt mich ihre Leere und Hohlheit. Einige haben zwar Karriere gemacht. Es hat sie aber nicht gehindert, im Wesentlichen seit 20 Jahren auf der Stelle zu treten.« Und gerade *das* hatte ihm sein besorgter Vater einst gewünscht.

Daß Ihr Glaube an Jesus Ihr Leben reich und tief macht, daß er Sie mit den Jahren zu einer geistlichen Persönlichkeit formt – das alles wissen Ihre Eltern nicht. Sie reden wie Blinde von der Farbe. Klagen Sie sie wegen ihrer Unwissenheit nicht an! Lieben Sie sie weiterhin. Ihr junger Glaube muß in solchen Fällen durch schwere Bewährungsproben hindurch. Nicht nur, daß Sie Ihrem Herrn treu bleiben, sondern daß Sie in allem Ihre Eltern liebbehalten, ist Ihnen geboten. Wenn Gott Ihnen in Ihrem jungen Christenleben solche Spannungen zumutet, dann nehmen Sie sie aus seiner Hand. Sie werden, aufs Ganze Ihres Lebens gesehen, für Sie und

Ihre Familie zum Segen werden. Sie reifen in allem zu einer geistlichen Persönlichkeit heran. Alle Dinge müssen Ihnen zum Besten dienen. Gehen Sie unerschrocken Ihren Weg. Ein asiatisches Sprichwort sagt: »Im Herzen eines Taifuns könnte ein Kind schlafen.« Sie erleben manchen Sturm – und dennoch dürfen Sie ruhig sein. Er, der allein Stürmen gebietet, ist Ihr Herr!

7. Christsein in der Schule

Irgendwann las ich folgende Anekdote: Günter, ein wackerer Christ und Mitarbeiter in seiner Gemeinde, muß zur Bundeswehr. Nach einigen Monaten besucht er im Urlaub seinen Gemeindepfarrer. Sie sprechen über dieses und jenes. Dann fragt der Pfarrer: »Und wie ist es dir als Christ gegangen bei den Kameraden? Gibt es Schwierigkeiten?« Darauf Günter stolz und tiefsinnig lächelnd: »Es hat niemand etwas gemerkt, Herr Pfarrer. Es hat niemand etwas gemerkt.«

Günter war offensichtlich der Meinung: »Mein Christsein geht keinen etwas an. Am besten, niemand merkt etwas davon, dann gibt es keine Probleme.« Wenn die Jünger Jesu damals auch so gedacht hätten, wäre das Evangelium durch die Jahrhunderte nie zu uns gedrungen. Es wäre – menschlich gesprochen – in der ersten Generation der Christen im Sande der Weltgeschichte versickert.

> »Wir können's ja nicht lassen, daß wir nicht reden sollten, wir gesehen und gehört haben« (Apostelgeschichte 4,20).

So haben die Jünger damals gebrannt. So haben sie geglaubt. So haben sie gelebt. Ist das Feuer kalt geworden? Ist der Glaube matt geworden? Ist das Leben in der Nachfolge Jesu mittelmäßig geworden, angepaßt an das Schema dieser vergehenden Welt? Ist es eigentlich denkbar, daß Christen sich des Evangeliums schämen? Es ist undenkbar. Aber das Undenkbare ereignet sich immer wieder.

Wer hat etwas zu sagen über den Sinn des Lebens? Wer weiß, daß seine Schuldfrage gelöst ist? Wer weiß, daß die Frage nach dem Tod beantwortet ist? Wer hat eine dynamische Hoffnung? Wer darf Gewißheit des ewigen Lebens haben? Wer ist gerechtfertigt vor Gott? Jeder Sünder, der Jesus Christus zum Herrn hat!

Da ist eine ganze Welt auf der Suche nach Wahrheit. Und nun, da diese Wahrheit uns überwunden und ergriffen hat, schämen wir uns, daß wir ihr angehören?

Lassen Sie Ihre Mitschüler wissen, daß Sie dem Herrn über Zeit und Ewigkeit verfallen sind. Sagen Sie es Ihren Arbeitskollegen mit fröhlichem Trotz. Sie sollen wissen, daß Jesus die Mitte Ihres Lebens geworden ist.

Ich habe manches Mal erlebt, daß junge Leute bei einer Evangelisation oder einer Freizeit zum Glauben an Jesus Christus kamen. Das Wort Gottes war ihnen zu mächtig geworden. Und dann sagten sie: »Einer aus meiner Klasse ist auch Christ. Er hat mir einiges über Jesus gesagt, Ähnliches wie Sie. Ich möchte, daß Jesus auch mein Herr wird.« Da habe ich gewußt, daß Gott mit diesen jungen Leuten längst seine Geschichte hatte. Da waren längst treue Boten Gottes am Werke gewesen. Ein Junge, ein Mädchen, sie haben die ersten Furchen gegraben, den ersten Samen des Gotteswortes ausgestreut. Was wären die Evangelisten, die zu vielen Menschen reden, ohne die vielen unbekannten Zeugen, die den Mut haben, ihren Herren in der Schule oder am Arbeitsplatz zu bekennen!

Haben Sie den Mut, Ihren Mitschülern, Arbeitskollegen oder Kommilitonen von Jesus Christus zu sagen. Vielleicht beginnt damit ihre Glaubensgeschichte mit dem lebendigen Gott. Vielleicht ist das Wort, das Sie ihnen sagen, eine erste Markierung auf ihrem Wege zu Jesus Christus. Andere setzen das Werk fort, führen es weiter.

Üben Sie sich darin, *natürlich* über Ihren Herrn und Ihren Glauben zu reden. Das ist nur möglich, wenn Ihr Christsein als Ganzes unverkrampft und »natürlich-menschlich« ist. Legen Sie alles hohle Pathos ab. Sagen Sie nie mehr, als Sie selber glauben. Sprechen Sie in natürlichem Deutsch und nicht in altkanaanäisch verstaubter Kirchensprache. Hüten Sie sich vor dem salbungsvollen Kanzelton unglaubwürdiger Prediger. Jesus Christus hat die

Menschen mit seiner Botschaft erregt. Sie haben ihm vieles vorgeworfen. Niemals aber lesen wir, er sei ein komischer Kauz gewesen, ein religiöser Fanatiker oder ein salbungsvoller Frömmler. Bei ihm war alles Geistliche sehr natürlich, und darum war alles Natürliche sehr geistlich.

Gespräche über den Glauben führen in die geistige Auseinandersetzung. Scheuen Sie solche Auseinandersetzung nicht. Sie werden viel dabei gewinnen, auch wenn Sie anfangs scheinbar manches Mal verlieren. Wie meine ich das? Nun, man wird Ihnen widersprechen, wenn Sie Ihren Glauben bekennen. Das zwingt Sie, tiefer nachzudenken, als Sie es vielleicht bisher getan haben. Man wird Sie mit mancher Frage konfrontieren, die Sie im Moment nicht beantworten können. Sie kriegen vielleicht einen roten Kopf, weil Sie sich ärgern, daß Sie mit Ihrem »Glaubenslatein« so schnell am Ende sind. Lassen Sie den Ärger verrauchen. Er bringt Sie nicht weiter. Gehen Sie aber der Frage nach! Suchen Sie so lange nach der richtigen, guten Antwort, bis Sie sie gefunden haben. Das kann ja ruhig einige Tage dauern. Wenn Sie selbst nicht weiterwissen, fragen Sie jemanden, der Ihnen helfen kann. Sie werden erleben: Irgendwann taucht die gleiche Frage wieder auf. Dann sind Sie inzwischen in der Lage, Antwort zu geben. Es sind übrigens oft die gleichen Fragen, die man uns stellt. Jeder Frage sollten wir nachgehen. Das führt uns tiefer in die Gedanken der christlichen Wahrheit hinein. Unsere geistlichen und geistigen Waffen werden in der Begegnung mit dem Unglauben geschärft. Wenn nur dabei herauskäme, daß wir mit der Zeit besser argumentieren lernen, hätte es sich schon gelohnt. Wenn die besseren Argumente den anderen auch nicht zum Glauben bringen, sind sie doch eine gute Hilfe im Gespräch und in der Auseinandersetzung des Glaubens. Wir können dann in einem Gespräch schneller und besser zur Sache führen.

In solchen Gesprächen werden uns auch manche Fragen vorgelegt, bei denen besondere Wachsamkeit geboten ist. Es gibt nicht nur falsche Antworten. Es gibt auch falsche Fragen. Ehe Sie Antworten geben, sollten Sie prüfen, ob die Frage nicht zunächst zurechtgerückt, korrigiert werden muß.

Sie werden natürlich auch erleben, wie ausgesprochen schwachsinnig manche Menschen über den Glauben denken. Es hat mich immer wieder überrascht, welche naiven Vorstellungen Schüler – und Lehrer – über Gott und den Glauben haben können. Man hält Gott für einen alten Mann mit weißem Bart, ein Wesen also, das den Glauben und damit den »der ihn glaubt« total ins Lächerliche zieht. *Sie* glauben mit Recht nicht an diesen »Gott«, weil es unter ihrer Würde ist, ihr Leben an eine sentimentale Urgroßvaterfigur zu hängen. Daß sie Ihnen solch einen würdelosen Glauben allerdings zutrauen, wäre wohl eine Beleidigung zu nennen, wenn man nicht wüßte, wie gedankenlos gerade mit der wichtigsten Frage des Lebens umgegangen wird.

Wenn solchen Leuten ihre Karrikatur von Gottesvorstellung nicht zerrissen wird, haben sie keine Chance, je zum Glauben an den lebendigen Gott zu kommen. Wie aber wird dieses Zerrbild zerstört werden, wenn Sie sich beharrlich über Ihren Glauben ausschweigen? Im Neuen Testament heißt es:

> »Wer den Namen des Herrn wird anrufen, soll gerettet werden. Wie aber sollen sie den anrufen, an den sie nicht glauben? Wie sollen sie aber an den glauben, von dem sie nichts gehört haben? Wie sollen sie aber hören ohne Menschen, die es ihnen verkündigen . . . So kommt der Glaube aus dem Hören der Verkündigung, die Verkündigung aber durch das Wort Gottes« (Römer 10,13–15 u. 17).

Wir sollen nicht wild und lieblos herummissionieren. Aber wir sollen unseren Herrn bekennen. Wir können Denk- und Glaubensanstöße geben. Suchen Sie besonders das Einzelgespräch mit den Schulkameraden. Vielleicht beginnt damit bei jemandem der Weg zum Glauben. Eine Hilfe, Anstöße zu geben, sind auch gute missionarisch-evangelistische Bücher. Wir können sie dem einen oder anderen Mitschüler schenken oder borgen. Ein Gespräch wird tiefer und sachlicher verlaufen, wenn die Gesprächspartner erst einmal einiges Grundsätzliches über den Glauben zur Kenntnis genommen haben.

Sehen Sie sich nach Mitschülern um, die ebenfalls Christen sind. Ihr gehört zusammen. An vielen Schulen treffen sich morgens vor Schulbeginn junge Christen zu einer gemeinsamen Bibellese und anschließendem, gemeinsamen Gebet. Vielleicht läßt sich so etwas auch bei Ihnen erreichen.

Ihre christliche Existenz in der Schule wird sich natürlich nicht im mutigen Bekennen Ihres Glaubens erschöpfen. Von dem christlichen Irrtum, daß die Schule nicht mehr wichtig sei, habe ich bereits etwas gesagt. In diesem Zusammenhang noch ein kurzes Wort zu dem weit verbreiteten Übel des Abschreibens. Das Abschreiben von Hausaufgaben oder bei Klassenarbeiten ist Betrug. Sie betrügen Ihre Lehrer, führen sie bewußt hinters Licht; und Sie betrügen sich selbst. Nur was Sie selbst erarbeitet haben, wird auch Ihr geistiger Besitz. Abschreiben ist geistiger Diebstahl. Sie nehmen, was nicht Ihr Eigen ist. Abschreiben ist eine Auswirkung von Faulheit. Hätten Sie gearbeitet, hätten Sie das Abschreiben nicht nötig. Wer abschreibt, geht den Weg des geringsten Widerstandes. Auf diesem Wege werden menschliche Waschlappen geboren, aber keine gestandenen Persönlichkeiten. Wer in jungen Jahren dauernd den Weg des geringsten Widerstandes geht, wird später vor vielen Widerständen kapitulieren müssen. Er hat sich um die Möglichkeit und die Kraft gebracht, Widerstände in guter Weise zu überwinden.

Unser Christsein bezieht sich auf Leib, Seele und Geist. Der Glaube ist nicht allein eine geistige oder geistliche Sache. Er will in die konkreten, leiblichen Belange hineinreichen und hineinwirken. Daß Sie anfangen, für Schule und Beruf fleißig zu arbeiten, gehört mit zu diesen leiblichen Dingen. Auch hier verleiblicht sich Geistliches. Nichts ist wohl unangenehmer, als wenn ein junger Christ, der Jesus seinen Herrn nennt, gleichzeitig zu bequem und zu faul ist, seine Pflichten treu zu erfüllen. Wenn unser Glaube echt ist, wird er alle Bereiche unseres Lebens durchdringen.

8. Christen am Arbeitsplatz

Ähnlich wie bei Schülern ist es auch bei denen, die bereits berufstätig sind: Sie stehen in einer unchristlichen Umwelt. Wie soll man sich als Christ da verhalten und bewähren?

> »Es kann die Stadt, die auf dem Berge liegt, nicht verborgen bleiben« (Matthäus 5,14).

So sagt Jesus einmal. Christen sind wie eine Stadt auf dem Berge. Es kann und soll auch im Betrieb nicht verborgen bleiben, daß Sie zu Jesus Christus gehören. Sie dürfen darum kein christliches Mauerblümchen sein, das in der Verborgenheit still für sich selber blüht. Stellen Sie das Licht Ihres Christseins nicht unter den Scheffel, sondern lassen Sie es leuchten. Damit ist nicht in erster Linie Ihr Reden über den Glauben gemeint, sondern Ihre gelebte geistliche Existenz. Das, was Sie sind, redet lauter als das, was Sie sagen. Durchdringen Sie die Umwelt in der Sie stehen, wie ein Licht, das die Finsternis durchdringt. Im beruflichen Leben gibt es bekanntlich viel Finsternis.

Wenn wir berufstätig sind, verbringen wir einen beträchtlichen Teil unseres Lebens mit unseren Arbeitskollegen. Sie lernen uns mit der Zeit sehr gut kennen. Sie sehen unsere Möglichkeiten. Sie sehen aber auch unsere Grenzen. Wenn wir über den Glauben sprechen, so sollten wir darauf achten, daß daraus nicht unter der Hand ein Zurschaustellen unserer eigenen Frömmigkeit wird. Tun Sie nicht so, als könnten Sie, was Sünde und Versagen angehen, für sich selbst die Hand ins Feuer legen. Sie können es nicht.

Machen Sie keine komische Figur. Immer und andauernd über seinen Glauben zu reden, ist genauso ungeistlich, wie es ständig zu unterlassen. Wenn Sie in die Arbeitswelt hineinkommen, verschlägt es Ihnen möglicherweise zunächst einmal gründlich den Atem. An Ihnen als Mensch ist niemand interessiert. Man ist daran interessiert, daß Sie funktionieren. Man fragt nach dem, was Sie leisten, und nicht nach dem, was Sie sind. Darüber hinaus stellen Sie fest: Ich bin nur ein winziges, unbedeutendes Rad in einem riesigen, komplizierten Getriebe. Ehe ich in dieser Arbeitsgesellschaft etwas Bedeutung erlange, ehe das kleine Rädchen an einen Platz kommt, wo es größeren Nutzen hat, werden viele Jahre vergehen. Ständig das Gefühl zu haben, nur nach dem Nutzwert taxiert zu werden, ist nicht gerade lebensentfaltend. (Haben Sie sich eigentlich einmal überlegt, was ein querschnitts- oder spastisch gelähmter Mensch empfinden muß, dem deutlich wird, daß in dieser Welt nur der Mensch etwas gilt, der etwas nützt? Er nützt nichts; ist er also nichts wert?) Eine Gesellschaft, die den Nutzen des Menschen an die erste Stelle setzt, nimmt unmenschliche Züge an. Sie werden von dieser Unmenschlichkeit auch manchen kalten Hauch abbekommen.

Als Christ wissen Sie: Es gibt andere Maßstäbe, mit denen wir Menschen gemessen werden. Auf Gott bezogen bin ich kein kleines, unbedeutendes Rädchen, das nur Interesse findet, sofern es funktioniert. Ich bin von Gott wertgeachtet, so wert, daß er seinen Sohn für mich gibt. Ich bin geliebt, auch dann, wenn ich gar nichts »nütze«. Jesus hat ein liebendes Interesse an mir als ganzem Menschen. Er möchte meine Lebensgestaltung und -entfaltung zur Ehre Gottes des Vaters. Auf keine andere Weise kann sich unser Leben besser erfüllen, als wenn es zur Ehre Gottes gelebt wird. Solch ein Leben können Sie auch dann leben, wenn Sie vielleicht krank sind und im Sinne unserer Arbeits- und Leistungsgesellschaft keinen Nutzwert haben. Ihr Leben muß nicht flacher und ärmer sein, wenn Sie durch bestimmte Umstände nicht in den oft seelenmordenden Arbeitsprozeß einer gedankenlosen Leistungsgesellschaft eingespannt sind. Zwei Begegnungen, die ich einmal mit zwei jungen Männern hatte, können das wohl etwas deutlich machen.

Eigentlich fällt es mir schwer, darüber zu sprechen. Ich möchte den ersten jungen Mann nicht einfach verurteilen. Hier spracht eben ein Kind seiner Zeit. Irgendwie empfinde ich: Er konnte kaum etwas dafür. Und den anderen jungen Mann, dessen Worte mir wie ein Wunder vorkamen, möchte ich nicht einfach loben. Es wäre fade und der Sache nicht angemessen. Wunder mögen wohl an Menschen geschehen, gewirkt aber werden sie andernorts.

Zunächst aber Horst. Er hatte mit 19 Jahren schon einen eigenen Wagen. Er fuhr wild und verwegen. »Ganz allein verdient!» sagte er, schlug mit der flachen Hand auf den Kotflügel, zeigte mir selbstgefällig seine derben Fäuste und lachte laut auf. Er strotzte vor Kraft und Stolz. Wir kamen ins Gespräch.

»Sie haben viel Grund, dankbar zu sein«, sagte ich. Horst stutzte: »Danken? Darunter kann ich mir nichts vorstellen.«

»Sie haben von klein auf immer zu essen und zu trinken gehabt.« – »Na, und?« – »Das sind gute Gründe, dankbar zu sein.« – »Für Essen und Trinken?« – »Ja, und für die Gesundheit.« – »Verstehe ich nicht. Ehrlich, darunter kann ich mir nichts vorstellen.«

Konnte Horst dafür, daß er so dachte? Sprach aus ihm nicht die Zeit, in der wir leben?

Auch Andreas hatte mit 19 Jahren einen »Wagen«. Ein Krankenpfleger schob ihn in mein Sprechzimmer. Wenige Minuten später wurde Hans hereingebracht. Er war fast ebenso schwer gelähmt wie Andreas, konnte aber weit verständlicher sprechen. Er sollte zwischen Andreas und mir der Dolmetscher sein.

In der Krankenanstalt hatte ich an mehreren Abenden Vorträge für die Patienten gehalten. Nun wollte Andreas mit mir reden. Ich konnte kein Wort verstehen. Zu unartikuliert lallte er mit der gelähmten Zunge seine Sätze. Hans, der das Zimmer mit ihm teilte, hatte mit den Jahren seine »schwere Sprache« verstehen gelernt.

Andreas entpuppte sich als ein heiterer junger Mann. Er hatte einen feinen Humor. Kein Wort der Klage kam über seine Lippen. Er hatte eine Menge Fragen – wie ich diese oder jene Stelle im Neuen Testament beurteile, was zu diesem oder jenem Problem unserer Zeit zu sagen sei. Ich fragte ihn, ob ihm seine Lage schwer zu schaffen mache. »Eigentlich nicht – oder besser: nicht mehr. Ich habe vieles, was viele nicht haben. Ich kann gut hören und sehen. Ist das nicht viel?«

Und dann kam eine Klage, eine seltsame allerdings. »Ich ärgere mich über mich selbst, daß ich trotz aller Gaben Gottes manchmal noch neidisch bin. Sehen Sie den Hans. Ihm geht es fast genauso wie mir. Aber den kleinen Finger seiner linken Hand kann er etwas bewegen. Wenn man ihm eine Zigarette anzündet, kann er sie allein halten und zu Ende rauchen. Manchmal beneide ich ihn darum«, bekannte Andreas, »und das ärgert mich dann.«

Ich sah unwillkürlich auf meine Hände: Ein Finger so gesund wie der andere. Wann hatte ich das jemals zur Kenntnis genommen? Wann hatte ich jemals daran gedacht? Wann hatte ich dafür jemals meinem Schöpfer gedankt?

Andreas empfand seinen Anflug von Neid schon als eine Undankbarkeit seinem Schöpfer gegenüber. Das konnte er nur so empfinden, weil der Grundton seiner Seele auf Dank gestimmt war. Seine Gedanken gingen in eine Richtung, die manch einem Gesunden ein Leben lang verborgen bleibt.

Wir sind gedankenlos geworden – und sind dadurch das Danken losgeworden. Wer nicht dankt, kann auch nicht loben. Wer nicht lobt, Gott nicht lobt, hat das Geheimnis des Lebens noch nicht begriffen. Was ist dieses Geheimnis? Lobende Menschen hängen nicht ab von den Gaben, die ihnen gegeben oder versagt werden. Sie wären hin- und hergerissen, ein Leben lang. Lobende Menschen hängen ab vom Geber aller Gaben. Anders ist Loben auf Dauer nicht möglich.

Nicht Besitz, nicht Reichtum, nicht Gesundheit machen reich, sondern Danken und Loben. Durch Danken und Loben werden wir von den Oberflächen des Lebens in die Tiefen der Güte Gottes geführt. Er gibt nicht *irgend* etwas. Er gibt sich selbst in seinem Sohn. Wer Ihn empfängt, mag in vielem »arm dran« sein, er ist dennoch reich. Andreas und Hans waren reich geworden. Sie waren darum in allem Leide fröhliche Leute –

Niemand von uns ist in Gottes Augen wertlos. Und nur das zählt ja wirklich, was vor Gott zählt. Eine von Gott gelöste Leistungsgesellschaft macht uns zu funktionierenden Rädchen und Nummern, die beliebig austauschbar sind. Vor Gott aber sind und bleiben wir Personen, die er unverbrüchlich liebt. Er schenkt uns seine ganze Zuwendung. Unter der Zuwendung Gottes wird unser Herz froh. Es öffnet sich, wie sich die Knospe einer Blume unter der Sonne öffnet. Da können die Bienen kommen und sich laben, d. h.

da haben auch andere etwas davon.

Seien Sie Ihren Arbeitskollegen ein guter und hilfsbereiter Kamerad. Wir haben gesagt, daß Jesus Christus ein liebendes Interesse an uns hat. Können wir da noch interesselos an unseren nächsten Arbeitskollegen vorübergehen? Wir müssen ein offenes Auge und ein offenes Ohr für die Freude und das Leid unseres Nächsten haben. »Freuet euch mit den Fröhlichen und weinet mit den Weinenden!« sagt Gottes Wort (Römer 12,15). In der Arbeitswelt ist man oft unpersönlich und am anderen nicht interessiert, »ein jeder sieht auf seinen Weg«, der Weg des anderen kümmert einen wenig.

Durchlöchern Sie die Finsternis Ihrer Umgebung mit dem Licht der Liebe Jesu. Seien Sie offen und aufgeschlossen für die Belange des anderen. Haben Sie einen Blick für den Kollegen, der bedrückt herumläuft. Sprechen Sie ihn an. Versuchen Sie ihm zu helfen. Vielleicht ist es Ihnen auch möglich, Ihrem Arbeitskollegen hilfreich zur Hand zu gehen, wenn er in irgendeiner Arbeit nicht zurechtkommt. Sehen Sie nicht untätig zu, wenn ein anderer eine Aufgabe nicht meistert. Helfen Sie ihm – unaufdringlich und taktvoll, nicht schulmeisterlich und überlegen.

Die Arbeitswelt ist auf Erfolg und Leistung eingestellt. Das muß nicht von vornherein schlecht sein. Wenn Gott Ihnen entsprechende Gaben gegeben hat, leisten Sie etwas, dann werden Sie auch Erfolg haben. Hüten Sie sich aber davor, in böser Erfolgsgier über »Leichen« zu gehen. Beteiligen Sie sich nicht an der Jagd nach Erfolg auf Teufel komm heraus.

Erfolg haben ist etwas Gutes. Der Erfolg aber wird zum Seelenmord, wenn er zur Mitte des Lebens wird. Dann wird ihm nämlich alles untergeordnet, und damit bleiben Liebe und Mitmenschlichkeit auf der Strecke.

Als Christen haben wir eine unbedingte Verantwortung für unseren Nächsten. Wir sollten keine »Radfahrer« sein, weder bei unseren Vorgesetzten, noch bei denen, die uns unterstellt sind. Radfahrer bücken sich bekanntlich nach oben und treten nach unten. Wir können es uns leisten, auf beides zu verzichten. Sind wir bereit, bewußt den Teufelskreis eines brutalen Erfolgskampfes zu druchbrechen, auch wenn wir dadurch einmal etwas länger in einer niedrigeren Gehaltsgruppe bleiben sollten?

Fleiß und gewissenhafte Pflichterfüllung sollten uns selbstverständlich sein. Viele denken heute anders darüber. Gottlosigkeit wirkt sich eben bis in die persönlichste Lebensführung aus. Gott möchte, daß wir verantwortlich leben. Dazu gehören Treue und Fleiß am Arbeitsplatz. Ich habe selbst in einem Betrieb erlebt, wie peinlich und unwürdig es ist, wenn erwachsene Männer während der Arbeitszeit faul herumstehen, sich dreckige Witze erzählen und plötzlich, wie von der Tarantel gestochen, auf die Arbeit stürzen, weil der Chef unvermutet auf der Bildfläche erscheint.

Wenn Arbeitskräfte knapp sind, spielt man vor dem Chef natürlich gern den »großen Mann«. Sind Arbeitsplätze aber gefährdet, ist man im Nu sein »untertänigster Diener«. Machen Sie sich unabhängig von der jeweiligen Konjunktur. Seien und bleiben Sie abhängig von Ihrem Herrn, dann brauchen Sie das unwürdige und charakterlose Wechselspiel nicht mitzumachen. Die größte Unabhängigkeit und Freiheit gewinnen wir in der festen Bindung an Jesus Christus. Wer aus der Freiheit der Kinder Gottes lebt, hat es nicht nötig, einmal den Lakaien und dann wieder den Despoten zu spielen.

Wenn Sie verantwortlich Ihre Pflicht erfüllen, haben Sie auch das Recht und die Pflicht, soziale und andere Mißstände in Ihrem Betrieb aufzudecken und an ihrer Beseitigung mitzuwirken. Wer jedoch selber seine Pflicht nicht erfüllt, kann kaum ernst genommen werden, wenn er andere auf ihre Versäumnisse aufmerksam macht.

Oft geschieht es, daß ein Chef von seinen Angestellten erwartet, den Kunden nicht die Wahrheit zu sagen. Weisen Sie solches Ansinnen unmißverständlich ab. Als das Telefon klingelte, rief ein Chef seiner Büroangestellten zu: »Sagen Sie, ich bin nicht da!« Darauf erwiderte sie: »Wenn Sie von mir erwarten, daß ich zu ihnen ehrlich bin, dann verlangen Sie bitte nicht gleichzeitig, daß ich Ihre Kunden belüge.«

Mit der Ehrlichkeit ist es z. T. in den Betrieben und Büros schlecht bestellt. Als Christ werden Sie sich hier nicht anpassen. Lassen Sie niemals etwas »mitgehen«, was Ihnen nicht gehört – keinen Bleistift und keinen Nagel, keinen Schraubenzieher und kein Radiergummi. Führen Sie keine privaten Telefongespräche auf Kosten der Firma. Lassen Sie sich nicht krankschreiben, wenn Sie es in Wirklichkeit gar nicht sind. Sind das lächerliche Kleinigkeiten? »Kleinigkeiten« – vielleicht; »lächerlich« – bestimmt nicht. Als Christen sollten wir bis in die kleinsten Dinge hinein ehrlich sein. Wir müssen den Mut zu Wahrhaftigkeit haben – auch dann, wenn wir uns dadurch Schwierigkeiten einhandeln.

Beugen Sie sich nicht der Diktatur der anderen. Haben Sie den Mut, nicht alles mitzumachen. Betriebsfeiern, die in Trinkgelage und Orgien ausarten, brauchen Sie nicht zu besuchen. Machen Sie den Kollegen deutlich, daß das nicht Ihr Stil ist, Feste zu feiern. Vermeiden Sie es jedoch, Ihre Kollegen wegen ihres »Stils« zu verachten. Wir haben keinen Grund, uns über irgendeinen Menschen dieser Welt zu erheben. Wir sind selber Menschen dieser Welt.

Manches Mal werden Sie schmerzlich erleben, wie man über Gott und den Glauben unflätige und geschmacklose Witze macht. Man brüllt und schüttelt sich vor Lachen. Haben Sie schon einmal versucht, mit Ihren Kollegen vernünftig darüber zu sprechen? Fragen Sie doch den, den es besonders angeht: »Was ist dir eigentlich das Liebste und Höchste auf Erden?« Vielleicht nennt er seine Frau oder sein Kind. Dann fragen Sie ihn: »Was würdest du wohl empfinden, wenn einer der Kollegen über deine Frau oder dein Kind einen bösen, unflätigen Witz erzählt?« Er wird sicher erklären: »Das ließe ich mir nicht bieten.« Dann machen Sie ihm in aller Ruhe klar, daß Gott für *Sie* das Liebste und Höchste ist. Erklären Sie ihm, daß es Ihnen weh tut, wenn sie über Gott abfällige Bemerkungen machen. Wenn Ihre Kollegen einen Funken Anstand im Leibe haben, werden sie sich fortan anders verhalten.

Es wird in unserer Zeit viel über das immer schlechter werdende »Betriebsklima« geklagt. Es entsteht vorwiegend dadurch, daß sich jeder selbst der Nächste ist. Hat der andere Schaden genommen, so freut man sich. Hat er Gutes zuwege gebracht, dann rührt sich der Neid. Man fügt einander oft und gern Unrecht zu und ist darin besonders erfindungsreich.

Sehen Sie nicht tatenlos zu, wenn in Ihrer Nähe anderen Unrecht geschieht und beteiligen Sie sich selber niemals daran. Seien Sie kein »stummer Hund«, wo es gilt, die Stimme zu erheben. Seien Sie nicht fanatisch rechthaberisch, wenn es um Ihre eigene Person geht. Da gilt: Lieber Unrecht leiden als Unrecht tun. Bemühen Sie sich jedoch, andere vor Unrecht zu schützen. Stellen Sie sich auf die Seite derer, denen man übel mitspielt. Ergreifen Sie ihre Partei. Spielen Sie sich dabei nicht als Richter oder Ankläger auf, sondern helfen Sie anderen in Liebe zurecht. Machen Sie deutlich, daß es Ihnen u. a. auch um eine bessere Betriebsatmosphäre geht. Sprechen Sie dieses Problem auch einmal im Kreise Ihrer Kollegen an. Wenn es ihnen bewußt gemacht wird, ist oft schon viel geholfen. Führen Sie die Kollegen dahin, daß sie selber ihren Beitrag zum guten Betriebsklima leisten und leisten wollen.

Vielleicht denken Sie: »Als Lehrling kann ich natürlich nichts machen.« Ich glaube, daß ein gutes, korrektes, von der Liebe Jesu bestimmtes Verhalten allemal seine Wirkung haben wird. Manch ein Kind hat schon einen Erwachsenen durch seine Güte und Lauterkeit beschämt. Warum sollte so etwas als Lehrling nicht auch möglich sein?

Sie werden sicher empfinden, daß Sie durch das christliche *Tun* am besten den Boden bereiten für das christliche *Reden*. Wort und Tat eines Christen gehören zusammen. Wort und Tat sollen eine Einheit sein. Weichen Sie Gesprächen über den Glauben nicht aus. Gespräche sind auch eine Tat. Und eine Tat kann ein wesentlicher Gesprächsbeitrag sein. Suchen Sie in taktvoller Weise das Gespräch über Gott. Wir tun es ja nicht, um eigene Überzeugungen loszuwerden. Wir wünschen anderen das Heil, das wir selber erfahren haben. Wir haben erkannt: Das Urinteresse eines Menschen kommt in der Gottesfrage zur Sprache – auch wenn der Mensch es oft nicht weiß.

III. Vom Gesetz unseres Handelns

1. Junge Christen in einer großen Stadt

Da saßen sie in trauter Runde – auf Teppichen, auf Kissen und ausgedienten Autosesseln. Sie wollten mit mir vier Abende lang über ihren Glauben nachdenken. Es gäbe da Schwierigkeiten, hatte man mir geschrieben. Sie waren blaß, abgespannt, ausgesprochen mager oder heillos überfressen. Einige hatten, wie vereinbart, ihre Bibeln mitgebracht. Andere hatten sie prompt vergessen.

Junge Christen in einer großen Stadt.

Ein Lied wurde gesungen und noch eins, gebetet, begrüßt. Wie schön, daß ich da sei – und die lange Autofahrt – und vielen Dank. Nun war *ich* dran. Ich atmete tief durch – und merkte, daß der Blonde neben mir wohl seit einigen Tagen vergessen hatte, seine Schweißfüße zu baden. Sicher war er vor lauter kirchlichen Terminschwierigkeiten nicht dazu gekommen. So etwas soll es ja geben. Irgendwo rechts von mir saß Brigitte. Ihre schmalen Hände zitterten eine Zigarette aus einer Schachtel.

»Wer hat Feuer?« Ein rothaariger Harald diente ihr in christlicher Nächstenliebe.

»Laß jucken!« sagte der mit den Füßen. Ich begriff nicht sofort. Als die harte Zigarettenschachtel haarscharf an meinem Gesicht vorbeizischte, verstand ich endlich. Ihm »piepte die Lunge«, und so hatte er seine junge Glaubensschwester um eine »Paffe« ersucht. Bald war ich eingenebelt von den verschiedensten Dämpfen und Gerüchen. Trotz aller Raucherschwaden gewahrte ich Helga mit ihrem siebenten oder achten Freund. Sie saßen eng umschlungen ganz hinten an der Wand, gaben sich Küßchen und waren sicher sehr gespannt auf alles, was ich vortragen würde.

Ich setzte von Neuem an: »Wir wollen in diesen Tagen geistlich und geistig arbeiten. Wer die geistige Auseinandersetzung scheut, der . . .« Ein lauter Knall draußen vor der Tür unterbrach jäh meine Rede. »Ein Bombenanschlag!« schoß es mir durch den Kopf. »Man hat ja so vieles davon gehört in unseren Tagen. Schrecklich, nun auch hier!«

Die Tür sprang auf und der »Bombenanschlag« entpuppte sich als Mitarbeiter Eberhard, der von Türklinken nichts zu halten schien und darum lieber seinen kräftigen Fuß betätigte.

Es war unverkennbar, daß durch sein Erscheinen die Luft durch eine weitere »Duftnote« angereichert wurde. (»Hab' erst mal 'n paar Bierchen gekippt«, sagte er mir später.)

»Hallo, Fans«, röhrte Eberhard jetzt in die Runde und begann umständlich, jedem die Hand zu schütteln. Zuletzt auch mir.

»Ist das der?« erkundigte er sich.

»So ist es«, sagte ich.

»Na, ja –.«

Es war mir klar, daß ich zumindestens äußerlich nicht zu ihnen paßte. Ich hatte keine langen Haare, war glatt rasiert, hatte keine Raucherzähne, keine gelben Fingerspitzen und stank sicherlich nach Seife. Meine Fingernägel waren sauber, Hals und Ohren konnten sich auch sehen lassen. So etwas war natürlich so gut wie unverzeihlich. Außerdem trug ich eine Krawatte und war mit meinen knapp 38 Lenzen unter ihnen so etwas wie ein Dinosaurier – alt und ausgestorben. Daß es doch noch ganz lebendig an den vier Abenden wurde, lag wohl weder an mir, noch an ihnen, sondern daran, daß das Evangelium lebendig macht.

»Wat halten se eijentlich von unsere Truppe?« wurde ich an einem der späteren Abende gefragt. Ich merkte, wie mir sachte das Blut in den Kopf stieg. Nun galt es Farbe zu bekennen.

»Ihr seid sicher alle ganz nette Typen, nur . . .«

»Wat, nur?«

»Na, als ich am ersten Abend hier hereinkam, war mein erster Gedanke: eine lieblose Atmosphäre. Hier wird nicht geliebt.«

»Da sind se aber schief jewickelt«, schoß es mir von Helgas Freund entgegen, der demonstrativ seine »Puppe« fester an sich zog.

»So meine ich das eigentlich nicht.«

»Wie denn?«

»Wißt ihr, es ist alles so ungepflegt bei euch. Zigarettenkippen liegen herum, dazwischen eure dreckigen Liederhefte, die Fenster und Wände sind verschmiert, dann der dicke Tabakqualm. Ich finde, das ist hier kein Versammlungsraum junger Christen. Das ist bestenfalls ein christlicher Saustall.«

Peinliche Stille.

Dann sagte einer ziemlich gekränkt: »Jetzt werden se äußerlich.« Die anderen nickten lebhaft. »Von Opas alten Moralvorstellungen halten wir hier nichts. Wir sind avantgardistisch.« (Avantgardistisch sind Menschen, die sich für alles Neue besonders einsetzen.)

»Dreckige Leute hat es schon immer gegeben. Das ist nichts Neues«, sagte ich.

»Es kommt beim Christsein auf das Innere an und nicht auf das Äußere«, sagte Horst, der mit den Füßen.

»Horst, wenn ein gepelltes Hühnerei äußerlich stinkt, dann ist das ein Zeichen, daß es innerlich faul ist.«

»Wir sind keine Hühnereier!« erwiderte Horst mit niederschmetternder Logik.

»Was nicht besagt, daß innerlich bei euch nicht etwas ›faul‹ sein kann.«

»Da haben se auch wieder recht. Aber warum soll bei uns etwas faul sein, nur weil wir unseren eigenen Stil haben?«

»Du nennst das Stichwort. Über euren Stil hätte ich gern mit euch nachgedacht und gesprochen.«

»Da sind wir aber gespannt.«

»Das könnt ihr auch . . .«

»Wir hören«, sagte einer für alle.

»Zunächst eine Feststellung: Ich habe den Eindruck, daß ihr ausgesprochen leibfeindlich seid.«

»Nun schlägt's aber dreizehn. Wir und leibfeindlich!« ächzte Eberhard, der mit seinen 18 Jahren kurz davor war, die Zweizentnergrenze unbemerkt zu überschreiten. Demonstrativ klatschte er sich auf den Bauch. Die anderen nickten energisch Beifall.

»Wie können Sie so etwas sagen? Wir genießen das Leben und alles, was es bietet. Wir glauben nicht, daß Christsein etwas mit muffiger Enge zu tun hat, wo man nichts darf und so.«

»Das glaube ich auch nicht. Aber es hat etwas mit Wachsamkeit zu tun, bis in die leiblichen Belange hinein. Was haltet ihr z. B. vom Zigarettenrauchen?«

»Ne ganze Menge, wie Sie wohl gemerkt haben dürften.«

»Haltet ihr das Rauchen für leibfeindlich oder für leibfreundlich?«

»Leibfreundlich natürlich!«

»Das ist interessant. Als Eberhard gestern Abend im Restaurant noch zwei Zigeunerschnitzel aß und drei Glas Bier hinterherschüttete, war das leibfeindlich oder leibfreundlich?«

»Leibfreundlich natürlich.«

»Wenn Eberhard mit 30 Jahren an Herzverfettung stirbt, war er dann leibfreundlich oder leibfeindlich?«

»Ja, wenn Sie das *soo* meinen . . .«

»Ja, so meine ich das. Wer alles genießt, was das Leben ihm bietet, der hat doch wohl Tomaten vor den Augen, wenn er das noch für leibfreundlich hält. Eberhard macht sich durch übermäßiges Essen kaputt. Ein paar von euch rauchen sich die Lunge in den Eimer. Einige gehen immer zu spät ins Bett, weil sie von der Mattscheibe nicht loskommen. Man sieht's an ihren Augen. Das alles nenne ich hochgradig leibfeindlich.«

Es wurde still in der Runde.

»Jetzt sollen wir wohl gar nichts mehr dürfen, wa?« begehrte Harald auf. »Essen ist verboten. Trinken ist verboten. Rauchen darfste nicht. Fernsehen ist nicht erlaubt. Und das nennt sich christliche Freiheit. Scheiß Freiheit ist das!«

»Was du sagst, bestätigt mir nur, daß ich recht habe, Harald. Du kannst anscheinend nur noch leibfeindlich denken. Entweder gibt es nur den hemmlungslosen Genuß, das ist die eine Form von Leibfeindlichkeit. Oder es gibt nur den totalen Verzicht bis zur Selbstauflösung, das ist die andere Form. Daß es ein gutes Maß dazwischen gibt, ein Maß, bei dem sich Leib, Seele und Geist gesund entfalten können, auf den Gedanken kommst du erst gar nicht – oder?«

»Wir leben nun einmal in dieser Welt. Da kann man nicht aussteigen und sich wie komische Käuze benehmen. Was wir tun, tun sie alle.«

»Wer ist – alle?«

»Alle unsere Kumpel in der Schule oder bei der Arbeit, eben alle.«

»Eben wolltet ihr noch Avantgardisten sein, und nun beschwört ihr das, was alle tun, als die für euch verpflichtende Wahrheit. Denkt bitte einmal über eine Frage nach: Wer bestimmt das Gesetz eures Handelns? Wenn ich recht sehe, ist das im ganz starken Maße eure Umwelt. Sie diktiert – und ihr gehorcht. Sie schreibt vor – und ihr haltet euch dran.«

Es ist in der Tat erstaunlich, wie sehr manche junge Christen sich dem Trend ihrer Zeit ausliefern. Nicht wenige hängen sich ihr Zimmer voller »Bravohelden«, umgeben sich mit ständiger Geräuschkulisse aus Radio und Cassettenrecorder, rauchen viel, gehen spät ins Bett, mogeln sich abschreibenderweise durch die Schule und sind, was die Haus- oder anderen Aufgaben betrifft, lustlos und faul.

Nun wird mir manch einer von Ihnen, ähnlich wie meine Freunde aus der großen Stadt, leidenschaftlich entgegenhalten: »Darf man nicht einmal mehr Radio hören oder nicht einmal mehr eine Zigarette rauchen?«

Es ist in der Tat nicht einzusehen, warum man das nicht einmal darf. Das Problem liegt nur darin, daß es nicht *einmal* geschieht, sondern daß diese Dinge zu einer schlechten Gewohnheit werden. Mir sind junge Christen begegnet, die mit der Zigarette im Mund wanderten, rauchend Tischtennis spielten oder Bibelarbeit trieben, die zu keiner freien Minute auf ihren Cassettenrecorder verzichten konnten, selbst dann nicht, wenn sie mit ihrer Gruppe zu einer Bibelfreizeit fuhren.

Hier zeigt sich eine Abhängigkeit, die mir das Gegenteil von christlicher Freiheit zu sein scheint. Man ist ja gerade nicht frei, sondern unfrei. Man tut genau *das*, was die Werbung gebietet, man macht genau das, was *alle* machen. Das hat mit Nachfolge Christi nicht mehr viel zu tun. Junge Christen sollten, was ihren Lebensstil angeht, ausgesprochen wählerisch sein. Hier sollte das Gesetz des Handelns ganz bei ihnen liegen und nicht bei ihrer heidnischen Umwelt.

Was aber kann man tun, wenn es einem so schwerfällt, diese schlechten Angewohnheiten abzulegen? Was kann man tun, wenn man so wenig Lust hat zu den Aufgaben, die einem das Leben stellt? Wie bekommt man das Gesetz des Handelns in die Hand?

Ehe wir diese Frage beantworten, wollen wir versuchen, ein wenig die Hintergründe dieser Not aufzuhellen.

2. Hintergründe

Wie ist es zu der Situation vieler junger Christen unserer Tage gekommen? Woher rührt die wie eine Krankheit verbreitete Lustlosigkeit vielen Anforderungen gegenüber? Warum läßt man sich so leicht das Gesetz des Handelns von der Umwelt vorschreiben?

Es ist kein Geheimnis: Unsere Wohlstandswelt hat eine Generation heranwachsen lassen, die in vielem verweichtlicht ist. Das ist kein Vorwurf an Ihre Adresse. Viele junge Leute haben in ihrer Kindheit oft jeden Wunsch erfüllt bekommen, weil die Eltern dazu bequem in der Lage waren. Jedes Spielzeug, nach dem das Kind verlangte, wurde ihm gegeben (nach dem zur magischen Formel hochstilisierten Satz: »Unser Kind soll es einmal besser haben als wir!«). Der Spielzeugberg zu Hause wuchs. Hunderte von einzelnen Dingen besaß man bereits als Kind. Das Kinderzimmer quoll langsam über.

Kann man aber zu vielen Dingen eine intensive Beziehung haben? Das ist unmöglich. Die intensive Beziehung des Kindes zu einer Puppe oder dem Spielauto aber ist es, woran es seine Kraft zur Konzentration gewinnt. Nicht daß ein Kind nicht mehrere Spielsachen haben könnte. Es geht hier um das Übermaß, das ein Kind verwirrt. Die vielen Dinge, die man als Kind besaß – auch ein Übermaß an »Fernseherlebnissen« – haben dahin geführt, junge Menschen im Kindesalter schon oberflächlich, nervös, konzentrationsschwach, willensschwach und lustlos zu machen. Man hat mühelos alles bekommen und wurde reich beschenkt. Und dann wird man als Jugendlicher plötzlich in eine Welt gestoßen, die einem Mühe abverlangt und in der einem nichts mehr geschenkt wird. Wie soll man sich da zurechtfinden?

Zu mir kam einmal ein verzweifeltes 16jähriges Mädchen, nennen wir es einmal Gisela. Sie hatte ihrem 17jährigen Freund gesagt, sie wolle die Freundschaft mit ihm vorläufig beenden, da sie zu jung sei, sich jetzt schon fest zu binden. Darauf hatte Hans aufgebracht erklärt: »Wenn du mich verläßt, dann bringe ich mich um.«

Nun mußte ein blutjunges Mädchen mit einer zentnerschweren Last herumlaufen, die es zu erdrücken drohte. Das Leben eines Menschen stand auf dem Spiel, wenn sie das tun würde, was sie als grundsätzlich richtig erkannt hatte.

Der Freund stand vielleicht zum ersten Mal in seinem Leben vor der Situation, daß er etwas haben wollte und es nicht bekam. Das war für ihn unfaßbar. Und so setzte er seine Freundin unter einen unerträglichen Druck.

Ich bat Gisela, noch einmal wiederzukommen, und zwar mit ihrem Freund.

Dann saßen sie mir beide gegenüber.

»Ich glaube, daß Gisela recht hat«, sagte ich. »Ihr seid zu jung, um euch fest aneinander zu binden.«

»Wenn sie mich verläßt, bringe ich mich um.« Da war der Satz, auf den ich gewartet hatte. Ruhig griff ich nach meinem Portemonnaie und holte ein Fünfmarkstück heraus.

»Hier!« sagte ich und reichte es ihm hin. Verwirrt und überrascht griff Hans erst einmal zu.

»Was soll das?« fragte er dann.

»Damit sollst du dir den Strick kaufen, mit dem du dich aufhängst. Aufhängen ist am besten, da fließt kein Blut. Sieh zu, daß du einen guten und haltbaren Strick bekommst. Es wäre schade, wenn du unter Umständen überlebst.«

»Wie können Sie so etwas sagen«, erwiderte er leichenblaß.

»Wenn du in der Lage bist, das Leben deiner Freundin so unbarmherzig unter Druck zu setzen, dann bist du nur noch wert, daß du hängst.«

»Sie wissen nicht, was wahre Liebe ist. Ich liebe sie eben so sehr.«

»Du leidest an totaler Begriffsverwirrung, mein Junge. Du liebst *sie* nicht. Du liebst *dich*. Das ist keine Liebe, die dich zu den Selbstmorddrohungen treibt, das ist platter Egoismus. Wer das Leben eines anderen unter solch brutalen Druck setzt, wie du es tust, der soll mir nicht von Liebe reden.«

Diesen Jungen konnte nur noch solch eine »Roßkur« retten. Ich habe ihm dann erklärt, daß seine seltsame Reaktion sicher mit einer fehlgeleiteten Kindheit zu tun hat, daß er nun aber ein Mann würde und daß es an der Zeit sei, die Fehler der Kinderjahre zu erkennen und zu überwinden. Es fiel ihm nicht leicht, über seinen Schatten zu springen. Er fügte sich dann aber doch in das Unvermeidliche – und erfreut sich heute, älter und reifer geworden, bester Gesundheit.

Er hatte als Kind alles bekommen, was er wollte: Bunte Bälle, Spielzeugautos, Eis, Schokolade, später dann den Fotoapparat, das Moped, den Fernsehapparat. Wenn die Eltern vielleicht doch einmal zögerten, ihm einen Wunsch zu erfüllen, dann hatte er sie einfach terrorisiert. Als kleiner Junge hatte er sich auf dem Boden gewälzt und geschrien. Als Heranwachsender knallte er die Türen und schrie: »Ihr gönnt mir nur nichts!« Dann spielte er tagelang den Beleidigten, aß nicht und trank nicht (wenigstens nicht zu Hause). Die schwachen Nerven der Eltern hielten das nicht aus. So hatte jeder Terror stets den gewünschten Erfolg. Das war seine bisherige Lebenserfahrung. Nun plötzlich wurde ihm ein Wunsch nicht mehr erfüllt – und er reagierte wie eh und je: Er terrorisierte den Menschen, den er angeblich liebte. Er erlebte das Leben von einer Seite, die er bisher so noch nicht kannte. Darum war er maßlos »geschockt«.

Den unerwarteten Anforderungen, die das Leben an sie stellt, stehen junge Leute oft hilflos gegenüber. Irgendwann ist man dann Christ geworden – darüber wollen wir ja reden. Als junger Christ schleppt man natürlich auch an der Hypothek – d. h. Schuldenlast – einer fehlorientierten Erziehung. Man schüttelt das alles mit seinem Christsein ja nicht einfach ab. Man hat zu vielem keine Lust, kann sich schlecht konzentrieren, hat keine Ausdauer. Das wirkt sich z. B. so aus, daß Schulaufgaben, die zügig und dynamisch angepackt in zwei Stunden erledigt sein könnten, oft das doppelte oder dreifache an Zeit dauern.

Was ist zu tun? Ist manchem jungen Christen durch solche bis in die Kindheit zurückreichende Fehlentwicklung nicht das Gesetz des Handelns für immer aus der Hand genommen? Kann man gegen Lustlosigkeit, Verweichlichung, Konzentrationsschwäche und mangelnde Widerstandskräfte gegenüber den Einflüssen der Umwelt etwas tun?

Ich glaube ja!

3. Werde wach!

Zunächst möchte ich jedem jungen Christen raten: Erkenne deine Situation! Beschönige nichts und schieb die Schuld an deinen persönlichen Schwierigkeiten nicht einfach ab. Den Eltern vorzuwerfen, daß sie dich falsch erzogen haben, hilft dir nicht weiter. Erkenne deine Situation, ohne in Selbstmitleid zu verfallen. Dann bitte deinen Herrn, daß er dir in dieser Sache hilft. Bitte ihn viel und oft darum. »Des Gerechten Gebet vermag viel, wenn es ernstlich ist« (Jakobus 5,16). Je mehr du Gott bittest, um so mehr wirst du selbst von dem Anliegen, daß du vorbringst, durchdrungen sein. Bete! Darauf ruht Verheißung. Außerdem macht das Beten den Willen stark.

Wenn du betest, wirst du sicher dein Radio ausschalten. Schon umgibt dich die Stille, die du immer mehr suchen solltest. Wie vorher der Lärm auf dich einwirkte und dich innerlich »laut« machte, so wirkt jetzt die Stille auf dich ein und macht dich innerlich ruhig. Damit muß es beginnen: Entzieh dich den vielen Dingen, damit du zu dem Einen kommst, zu deinem Herrn. Die Begegnung mit ihm gibt Kraft und setzt Kräfte frei. Er will dein Gebet erhören, wenn du es auch wirklich willst.

Werde wach! Habe den unbedingten Willen, nicht in der Welt aufzugehen, sondern der Welt gegenüberzutreten. Nur so wirst du deinem Herrn und damit auch der Welt dienen können. Lerne erkennen, was dir gut tut, und lerne es von dem zu unterscheiden, was dir schlecht bekommt. Nicht alles, wozu du Lust hast, ist gut. Und nicht alles, was dir Mühe und Not macht, ist schlecht.

Werde wach! Werde im guten Sinne kritisch, aber bewahre dich davor, negativ und ängstlich zu sein. Liebe die Menschen, aber liebe nicht ihren Lebensstil. Sie leben meistens ohne Gottes Wort, d. h. sie leben ohne gültige Weisung. Liebe die Menschen, aber übernimm nicht ihre Maßstäbe. Wo die Maßstäbe nicht stimmen, da stimmen die Resultate nicht. Laß es nie dazu kommen, je einen Menschen zu verachten. Daß er Gott nicht kennt, ist kein Grund, ihn nicht zu lieben. Aber hüte dich, dein Leben nach solchen Menschen auszurichten. Sie kennen das wahre Leben nicht und wissen darum auch nicht, wie man es lebt.

Werde wach! Fall nicht auf alles herein, was man dir bietet und präsentiert. Das Geheimnis des Lebens liegt nicht in den vielen Dingen, sondern in dem *einen* Schöpfer der Dinge. Damit ist eine grundsätzliche Richtung angegeben. Bei Ihm erfahre ich nicht das Komplizierte und Vielfältige, sondern das Einfache und Einfältige. Geistliche Einfalt, das ist die Weisheit, die sich beschränken kann, die sich ausrichtet auf den Einen und sich davor bewahrt, von der Vielfalt hin- und hergerissen zu werden.

Arbeite an dir selbst! Wenn du eingesehen hast, daß deine Umwelt dich nervös und willensschwach gemacht hat, so zieh deine Schlußfolgerungen. Laß diese Umwelt nicht mehr einfach unkritisch an dich heran. Entzieh dich dem Radiolärm. Entzieh dich der Bilderflut des Fernsehens. Entzieh dich dem Zwang, alles haben zu müssen. Übe bewußt den Verzicht! Es wird dich zuerst hart berühren. Aber diese selbstauferlegte Härte, aus Liebe zu deinem Herrn, schmiedet dich langsam zu einer Persönlichkeit. Du gewinnst Kraft, Widerstandskraft. Arbeite an dir selbst und laß Gott durch sein Wort und seinen Geist an dir arbeiten.

Hab bei allem Geduld mit dir. Wirf nicht gleich die Flinte ins Korn, wenn du versagst. Persönlichkeiten wachsen heran, und Wachstum sieht man nicht. Es geschieht unbemerkt und braucht seine Zeit. Sieh dir ein kleines Kind an, das laufen lernt. Es stolpert anfangs oft und fällt. Niemals wird es denken: »Jetzt bleibe ich liegen. Es hat ja doch keinen Zweck. Laufen lerne ich nie.« Nein, es steht sofort wieder auf, wenn es gefallen ist. Es beginnt immer wieder. Wenn du in deinen Vorsätzen und Bemühungen fällst, steh wieder auf. Beginne immer wieder! Unmerklich bekommst du das Gesetz des Handelns in die Hand. Du tanzt nicht mehr nach der Weise dieser Welt, sondern fängst an, nach den Weisungen Gottes zu leben.

Als du Christ wurdest, hattest du Jesus Christus dein Leben gegeben. Du kannst aber nur geben, was du wirklich besitzt. Fang an, von deinem Leben immer mehr Besitz zu ergreifen, dann kannst du Jesus auch immer mehr davon zur Verfügung stellen.

IV. Vom Umgang mit unserer Zeit

»Wachet, steht im Glauben . . .« heißt es einmal im Neuen Testament. Wer angefangen hat, an Jesus Christus zu glauben, ist wach geworden. Er ist herausgetreten aus dem bleiernen Schlaf des Unglaubens. Er »sieht« plötzlich Wirklichkeit, er »sieht« Wahrheit. Glaube, das ist die äußerste Form von Wachbewußtsein. Wer glaubt, erkennt mehr, als mit bloßem Auge zu erkennen ist. Wer glaubt, dem sind die Augen aufgetan in einem geistlichen Sinn.

Wachen Auges zu leben, ist Gnade, weil Glauben Gnade ist. Diese Gnade widerfährt dem, der von Gott das Gnadengeschenk des gekreuzigten und auferstandenen Christus angenommen hat. Geistlich wach zu sein, ist ein Geschenk, und doch ist es für uns gleichzeitig eine Aufgabe. Man nickt gern wieder ein bißchen ein. Da blinzelt das Auge, und der Sehwinkel wird schmaler. Man sieht nicht mehr den ganzen Horizont der Wirklichkeit, nur noch einen Ausschnitt. Einiges gerät wieder ins Dunkel. Es wird dann nicht mehr gesehen, oder es wird übersehen.

Wachet! Die ihr glaubt, macht euch an die Aufgabe des Glaubens. Die ihr wach geworden seid, macht euch an die Aufgabe zu sehen. Auch die Aufgabe eines jungen Christen ist es, mit immer größerem Wachbewußtsein zu leben. Wir sollen nicht unbewußt, wie Schlafwandler, unsere Jahre verbringen. Unsere Wachsamkeit soll sich auf alle Gebiete des Lebens erstrecken. Richten wir darum unser Auge auf einen wichtigen Punkt: Unser Umgang mit der Zeit.

Zunächst zwei Bibelworte, die unserem Blick die Richtung angeben sollen. Das erste, Epheser 5,15–20: »So sehet nun zu, wie ihr vorsichtig wandelt, nicht als die Unweisen, sondern als die Weisen, und kaufet die Zeit aus; denn es ist böse Zeit. Darum werdet nicht unverständig, sondern verständig, was da sei des Herrn Wille . . . Redet untereinander in Psalmen und Lobgesängen und geistlichen Liedern, singet und spielet dem Herrn in euren Herzen und saget Dank allezeit für alles Gott und dem Vater in dem Namen unseres Herrn Jesu Christi und seid untereinander untertan in der Furcht Gottes.« Das zweite Wort, Galater 6,10: »Als wir denn nun Zeit haben, so lasset uns Gutes tun an jedermann, allermeist aber an des Glaubens Genossen.«

1. Wir haben Zeit

»Als wir denn nun Zeit haben«, sagt der Apostel. Das zeichnet Christen aus vor Menschen, die keine Christen sind: Christen haben Zeit – denn Christen haben Ewigkeit.

Wir leben allerdings in einer Welt, in der ein Klagelied, das genau das Gegenteil besingt, wohl nicht mehr verstummt: »Wir haben *keine* Zeit!« Keine Zeit zu haben ist das Zeichen einer Welt, der die Ewigkeit verlorengegangen ist. Wer von der Ewigkeit nichts weiß, muß versuchen, aus den Jahren seines Lebens herauszuholen, was nur eben herauszuholen ist.

In uns allen brennt ein Durst nach Ewigkeit. Er ist groß, größer als daß wir ihn in unserer bemessenen Zeit jemals stillen könnten. Wer diesen Durst stillen möchte, muß schon zur Quelle selber gehen. Wer von der Quelle aber nichts weiß, möchte aus dem Maß der Zeit schöpfen, was es nicht hergeben kann. Er überfordert das Maß. Er wird maßlos. Maßlose Menschen wollen zuviel. Wer zuviel will, dem sind vierundzwanzig Stunden am Tag zu wenig. Wer zuviel will, hat immer zu wenig Zeit.

»Ich habe keine Zeit«, das ist ungewollt zum Glaubensbekenntnis des modernen Heidentums geworden, ein Bekenntnis erschreckender Armut! Verlust der Ewigkeit zieht den Verlust der Zeit unausweichlich nach sich. Es muß so sein. Weil *mit* Gott alles gewonnen wird, wird *ohne* Gott alles verloren, auch und gerade die Zeit. Wenn Sie dauernd sagen: »Ich habe keine Zeit«, dann zeigen Sie damit, wie sehr Sie dem modernen Heidentum schon selbst verfallen sind. Es ist ein Zeichen von Gottlosigkeit, keine Zeit zu haben. Sage mir, wieviel Zeit du hast, und ich sage dir, wie eng dein Verhältnis zu Gott ist.

Manche mögen diese Zeilen ärgerlich finden. Sie sind vielleicht stolz darauf, einen übervollen Terminkalender zu haben. Ist der, der Zeit hat, nicht ein verdächtiger Müßiggänger? Müßiggang aber ist doch aller Laster Anfang.

Nun, es ist ein Unterschied zwischen einem Müßiggänger und einem Menschen, der Muße hat. Müßiggänger erkennt man daran, daß sie unter Langeweile leiden. Darum sind sie darauf aus, die Zeit möglichst »totzuschlagen«. Für Menschen, die Muße haben, ist »Langeweile« dagegen ein Fremdwort. Der Gedanke, Zeit totschlagen zu müssen, würde ihnen weh tun. Zeit ist für sie kostbare, gefüllte Zeit. Muße zu haben ist schön. Wer Muße hat, füllt seine Stunden mit schönen und guten Dingen. Er ist kein Sklave von Terminen, sondern in gewisser Weise Herr über seine Zeit, zumindest Herr über seine Freizeit. Wenn Sie mit Ernst Christ sein möchten, sollten Sie sich Muße gönnen, weil Gott sie Ihnen gönnt. Für manche ist es ärgerlich, für uns aber ist es ein schönes Geheimnis: Wer Ewigkeit hat, der hat auch Zeit.

Wir haben zunächst alle miteinander die gleiche Menge Zeit. Jeder Tag hat vierundzwanzig Stunden. Für jeden hat er vierundzwanzig Stunden. Das zahlt Gott uns jeden Tag auf unser Konto.

Wer keine Zeit hat, dokumentiert damit, daß er sein Konto ständig überzieht. Er macht deutlich, daß er mit Gott nicht einverstanden ist. Er möchte mehr Stunden am Tage haben, als Gott ihm gibt. So wird er unzufrieden. Das wirkt sich aus. Unzufriedene Menschen können z. B. nicht danken. Sie müssen ein freudloses Dasein fristen, denn Danken ist das einzige Tor, durch das wahre Freude in unser Leben kommt. Wer die Freude nicht hereinläßt, weil die Tür des Dankens verschlossen bleibt, gehört zu den ärmsten Menschen. Ewige Freude will in uns wohnen. Wer nicht dankt, läßt diese Freude draußen vor der Tür. Menschen, die keine Zeit haben, danken nicht. Menschen, die keine Zeit haben, sind selten frohe Menschen.

»Kaufet die Zeit aus!« sagt Paulus. Worin besteht nach seiner Meinung das Auskaufen der Zeit? Er gibt eine überraschende Antwort: »Redet untereinander in Psalmen und Lobgesängen und geistlichen Liedern, singet und spielet dem Herrn in euren Herzen und *saget Dank* allezeit für alles Gott und dem Vater in dem Namen unseres Herrn Jesu Christi.«

Zeitauskaufen besteht also darin, so zu leben, daß wir zum Loben und Danken kommen. Kaufet die Zeit aus! Lebt so, daß es zum Lobe Gottes kommt. Dann lebt ihr und werdet nicht gelebt. Sprachlich hängt es nicht zusammen, sachlich aber um so mehr: das Leben und das Loben. Leben und Loben ist eine Einheit. Wer in seinem Leben zum Lobe Gottes gekommen ist, der lebt erst richtig. Wer lobt, der lebt. Dazu sind wir geschaffen, daß wir unsere Zeit füllen mit dem Lobe Gottes.

Wir haben Zeit. Wozu haben wir Zeit?

»Als wir denn nun Zeit haben, lasset uns Gutes tun . . .« Was bedeutet das?

Es kommt einmal ein junger Mann zu Jesus und fragt ihn: »Guter Meister, was soll ich Gutes tun, daß ich das ewige Leben möge haben?«

Jesus sagt zu ihm: »Was heißest du mich gut? Niemand ist gut denn der einige Gott.« Gott ist gut. Wenn wir Gutes tun sollen, dann sollen wir etwas Göttliches tun. Das können im Sinne dieser Welt ganz kleine, sogar ganz niedrige Dinge und Dienste sein: Ein gutes Wort; ein lachendes Gesicht; ein freundlicher Gruß; eine versöhnliche Geste; für jemanden einkaufen; für jemanden ein gutes Wort einlegen; helfen, wo jemand Hilfe braucht. »Lasset uns Gutes tun!« Stellt euch mit eurer Zeit Gott zur Verfügung, dann haben auch meistens die Menschen etwas davon.

Wir haben Zeit. Alle haben gleich viel. Zeit zu haben ist Gnade. Wer sich ihrer nicht bewußt ist, weiß nichts von dem Reichtum, den er besitzt. Es ist nicht selbstverständlich, daß Sie die nächste Minute noch erleben. Wenn Sie in der nächsten Minute noch Zeit zum Atmen haben, dann freuen Sie sich, daß Gott so gnädig ist. Er gibt Ihnen Minute für Minute Gnade um Gnade. Jeder Atemzug ist Gnade. Der Asthmakranke ringt verzweifelt um diese Gnade, der wir Gesunden so wenig Beachtung schenken. Wir atmen uns von Gnade zu Gnade – und wissen es nicht mehr. Gott gibt uns Zeit. Zeit ist immer Gnadenzeit.

Unsere Zeit ist also eigentlich nicht unsere Zeit. Auf Gnade hat man keinen Rechtsanspruch, sonst wäre sie nicht Gnade. Wenn Minute für Minute Gnade ist, dann ist Gott Minute für Minute gnädig. Wir haben es nicht in der Hand, daß wir die nächste Stunde noch erleben. Wir besitzen sie noch nicht, die nächste Stunde. Sie liegt allein in Gottes Hand.

Weil Zeit eine Gnadengabe Gottes ist, darum ist sie immer kostbare Zeit. Die Gabe ist aufgewertet durch seinen Geber. Es ist schon unter uns Menschen so: Wenn uns jemand etwas schenkt, der uns viel bedeutet, dann ist uns dieses Geschenk besonders lieb und wert. Zeit ist kostbar, weil Gott sie uns gibt. Was Gott aber gibt, trägt immer den Charakter des Einmaligen.

Unsere Zeit ist einmalige Zeit. Die letzte Minute, die gerade vergangen ist, kommt in diesem Kosmos ein zweites Mal nie mehr vor. Die Naturwissenschaftler sagen uns, daß der Kosmos etwa 15 Milliarden Jahre alt sei. Eine Minute ist darin so kurz, daß man sie kaum erwähnen möchte. Und doch ist jede einzelne Minute unwiederholbar, einmalig. Wir haben Zeit heißt demnach: Wir gehen alle von Einmaligkeit zu Einmaligkeit.

2. Verantwortlicher Umgang mit der Zeit

Zeit ist kostbar, weil Gott sie uns gibt und uns damit Unwiederbringliches zur Verfügung stellt. Wem das einmal deutlich wurde, der fängt an, bewußter, intensiver zu leben.

Behandeln wir die Zeit, wie man etwas Wertvolles behandelt? Empfangen wir sie dankbar? Füllen wir sie mit Leben oder schlagen wir sie tot? Vor allem: Nutzen wir sie zur Begegnung mit der Ewigkeit, zur Stille vor Gott?

Nur wer in der Stille empfängt, ist auch in der Lage zu geben. In der Stille kommt es zum Hören, und nur wer hört, hat etwas zu sagen. Wer nichts empfängt, wird auch nichts geben können. Deshalb müssen wir die Zeit nutzen, um uns zu sammeln, und nicht, um uns zu zerstreuen. Unsere Welt braucht Menschen, die aus der

Stille kommen. Nervöse Leute, die keine zehn Minuten Stille mehr aushalten, haben wir genug.

Weil unsere Zeit kostbar ist, wollen wir verantwortlich damit umgehen, denn was kostbar ist, darf nicht verschleudert werden.

Was kostbar ist, darf aber verschenkt werden.

Geschenke sollten aus Liebe gemacht werden. Können wir einem Mitmenschen etwas Wertvolleres schenken, als einen Teil unserer Zeit? »Liebe deinen Nächsten wie dich selbst«, das heißt in jedem Fall: Hab für ihn Zeit! Lieben kann man nur, wenn man Zeit hat. Wer keine Zeit hat, kann auch nicht lieben. Sie können Ihren Eltern nicht weismachen, daß Sie sie lieben, wenn Sie keine Zeit mehr für sie haben. Nehmen Sie sich Zeit, mit ihnen zu reden. Erzählen Sie ihnen, was Sie erleben. Führen Sie gute Gespräche mit ihnen – über die großen Fragen, die Sie bewegen, und über die kleinen Dinge, die Sie erregen. Wenn solche Gespräche nicht möglich sind, weil man lieber vor dem Fernseher sitzt, brauchen Sie solch einen Lebensstil mit ihnen nicht zu teilen. Aber grundsätzlich gilt: Nehmen Sie sich Zeit für sie.

Geizen Sie nicht mit Ihrer Zeit. Verschenken Sie sie. Verschenken Sie sie gern. Aber machen Sie sich selbst und dem anderen klar: Die Zeit, die ich verschenke, ist kostbare Zeit.

Man kann nur schenken, was man hat. Wer zuviel verspricht, zuviel verschenken will, muß vieles schuldig bleiben. Es ist darum gut zu wissen, was man an Zeit erübrigen kann und wofür man es erübrigen möchte.

Als junger Christ haben Sie bereits bestimmte Termine. Einiges ist fest verplant, z. B. die Zeit, die Sie für die Schule oder Ihre Arbeit aufwenden müssen. Dazu kommen vielleicht noch einige andere Dinge: Man hat Musikunterricht, macht einen Schreibmaschinenkursus, ist im Handball- oder Fußballverein, spielt Schach oder Tennis, sammelt Briefmarken oder Münzen, züchtet Kaninchen oder ist Kassierer in einem Bayrischen-Trachten-Erhaltungsverein. Viele nette Dinge bieten sich an. Und so ganz nebenbei – nehmen sie uns viel Zeit. Ihre Woche ist vielleicht schon lückenlos mit Terminen gefüllt.

Nun aber ist in Ihrem Leben etwas Besonderes geschehen. Sie sind dem Worte Gottes begegnet. Sie sind Christ geworden. Es wurde Ihnen klar: Ich kann als Christ nur leben, geistlich wachsen und reifen, wenn ich mit anderen Christen Gemeinschaft habe unter dem Worte Gottes. Ich wünsche Ihnen sehr, daß Sie in der glücklichen Lage sind, solch einen Kreis lebendiger Christen zu haben!

Das bedeutet aber, daß ein zusätzlicher Termin zu den anderen dazugekommen ist. Mit aller Gewalt zwingen Sie ihn noch in Ihren Wochenplan hinein. Sie sind froh, daß es »mit Hängen und Würgen« gerade noch geht – und wundern sich, daß Sie aufs Ganze gesehen doch immer bedrückter werden.

Was ist geschehen?

Sie sind zeitlich überlastet. Sie leben über Ihre Möglichkeiten und Kräfte. Sie überziehen das Konto Ihrer Zeit. Vielleicht haben Sie nur versäumt, zugunsten neuer Termine alte zu streichen. Ein verhängnisvolles Versäumnis! Sie werden zum Sklaven vieler Termine. Sie haben keine Zeit.

Es gibt Christen, die sich darum einen Zeitplan machen. Sie gehen von einem Wochenplan aus, der zunächst nur die Termine vorsieht, die pflichtgemäß zu erfüllen sind, z. B. die Arbeit oder die Schule. Dann tragen sie *die* Termine ein, die ihnen am allerwichtigsten sind: regelmäßige stille Zeit, Gebet und Bibellese also, Gottesdienst, Jugendkreis, Mitarbeiterkreis. Wenn sie dann noch Platz im Kalender haben, kommen die in der Rangordnung nächsten Dinge an die Reihe.

Machen Sie sich ernsthafte Gedanken, welche Termine Sie aufgeben müssen, um wirklich Zeit zu haben. Und dann geben Sie die Termine auch auf! Man muß nicht alles mitgemacht haben. Man muß nicht überall dabeigewesen sein. Man muß nicht alles wissen. Man muß nicht alles können. Man muß nicht alles haben.

»Wenn ich nur dich habe, so frage ich nicht nach Himmel und Erde«, sagt ein Beter des Alten Testaments. Welch eine Weisheit dringt da aus dem Dunkel der Vergangenheit zu uns herauf! Welch eine Lebensklugheit!

Matthias Claudius hat etwas davon gewußt, wenn er sagt:

»Gott, laß dein Heil uns schauen,
auf nichts Vergänglich's trauen,
nicht Eitelkeit uns freu'n.
Laß uns einfältig werden
und vor dir hier auf Erden
wie Kinder fromm und fröhlich sein.«

»Laß uns einfältig werden«, das ist das Lebensgeheimnis. Das Wort »einfältig« hatte früher einen guten Klang. »Einfältig« war der Mensch, der ganz auf den Einen, auf Gott nämlich, ausgerichtet lebte. Er war darum der Mensch voller Weisheit. Dann aber hat die Welt sich gewandelt und mit ihr die Anschauung über das, was weise ist. Der Einfältige ist heute der Dumme. Unmerklich haben sich die Maßstäbe verschoben. Wie konnte es dazu kommen?

Unsere Welt wurde immer komplizierter, immer vielfältiger. Die Zahl der lebenswichtigen Dinge wuchs. Wer diese Welt bewältigen wollte, so schloß man, mußte vielfältig sein. Der Vielfältige wurde für klug gehalten. Je vielfältiger jemand ist, umso mehr Achtung genießt er. Die menschliche Seele aber findet ihre Kraft seltsamerweise nicht in den vielen Dingen, im Gegenteil. Die Vielfalt unserer Welt hat uns viele Kräfte geraubt. Unsere Seelen sind krank geworden an der Vielfalt. So haben wir zwar eine Welt voller kluger Leute, aber weise Menschen sind selten geworden.

Was aber ist eine Welt ohne Weisheit? Was sind wir Menschen, wenn unsere Seelen krank sind? Müssen nicht Menschen mit kranken Seelen eine kranke Umwelt hervorbringen. Kann von zerstörten Menschen etwas Heilendes ausgehen?

Wie können wir Weisheit zurückgewinnen? Wie werden wir wieder gesund? Es gibt nach wie vor nur einen Weg: »Laß uns einfältig werden«! Wer einfältig ist, lebt aus der Weisheit, die sich auf Gott allein ausrichtet. Wer einfältig ist, schützt sich vor der Macht der vielen Dinge.

Daß die vielen Dinge auch so viel Unheil bewirken! Wir stehen da und sind von der Vielfalt fasziniert. Es ergeht uns wie einem kleinen Kind, das an der Hand des Vaters durch die Großstadt geht. Plötzlich steht es vor einem bunten Schaufenster. Es wird unruhig und drängt hinein. Dann steht es staunend in einem aufdringlichen Spielzeugladen. Angesichts der vielen Dinge vergißt es plötzlich den Vater. Es reißt sich von ihm los und stürzt auf die Spielsachen. Dabei merkt es nicht, wie es den Kontakt zum Vater verliert. Ein ganzer Spielzeugladen wiegt aber die Geborgenheit, die das Kind beim Vater hat, nicht auf. Ein Kind denkt darüber nicht nach. Es verliert sich an die Dinge. Die kleinen Dinge üben einen Zwang aus, so daß man darüber das Größte vergißt und aus den Augen verliert.

Die vielen Dinge sind an sich nicht einmal schlecht. Sie kommen von Gott. Alle Dinge sind auf den Schöpfer der Dinge zu beziehen. Und dennoch – man kann seine Seele an die vielen Dinge verlieren. Das ist unheimlich!

Das sei die Sünde des Menschen, sagt Paulus, daß sie das Geschöpf mehr geehrt haben, als den Schöpfer (Römer 1). Menschen leben nicht darum ein verlorenes Leben, weil sie im moralischen Sinne böse sind, sondern weil sie sich durch die vielen Dinge abziehen ließen vom Schöpfer der Dinge. Hier schließt sich der Kreis. Haben die Menschen erst einmal die Ewigkeit verloren, so läßt der Verlust der Zeit nicht lange auf sich warten. Viele Dinge verbrauchen eben viel Zeit. Wer den vielen Dingen verfallen ist, hat an Zeit immer zu wenig.

»Laß mich einfältig werden . . . !« Der Einfältige ist der weise, der gottbezogene Mensch. Von Gott her erkennt man, wie man sein Leben klug gestalten kann, wie man seine Zeit gestalten kann. Die geistliche Einfalt ist es, die uns der Welt gegenüber bis in die Zeiteinteilung hinein wach macht.

Möchten Sie in der Zeit etwas ausrichten, dann richten Sie sich aus nach der Ewigkeit!

V. Junge Christen und ihr Geld

1. Über die Macht der vergänglichen Dinge

Neulich war ich mit meinem Jüngsten in einer kleinen Druckerei. Mit der Neugierde seiner dreieinhalb Jahre wandte er sich gleich den Dingen zu, die rappelten, klapperten und sich bewegten. Eine kleine Maschine war gerade in Betrieb. Sie zog meinen Sprößling besonders an. Seine Händchen griffen nach der routierende Walze. Der Drucker, der daneben stand, schaltete die Maschine ab.

»Du darfst nicht so nahe an die Maschine gehen, Kleiner.«

»Ich bin nicht klein, ich bin groß!« wies mein Sprößling den fremden Onkel zurecht.

»Trotzdem darfst du nicht an die Maschine gehen!«

»Warum nicht?«

»Wenn da ein Finger hineinkommt, dann ist er ab.«

»Dann kaufe ich mir einen neuen«, erklärte mein Filius.

»Haha«, lachte der Mann, »das geht aber leider nicht. Einen neuen Finger kann man sich nicht kaufen.«

»Doch, in einem Fingergeschäft.«

»Ein Fingergeschäft? So etwas gibt es aber nicht.«

»Es gibt aber doch welche!«

Als wir auf dem Heimweg waren, fragte ich: »Sag einmal, Klaus-André, hättest du denn eigentlich genug Geld, um dir einen neuen Finger zu kaufen?«

»Das hast *du!*«

Mir hat diese Geschichte ziemlich zu denken gegeben. Das also ist das Klima, in dem Kinder bei uns aufwachsen: Man kann sich alles kaufen. Wenn ein paar Schuhe kaputt sind, geht man ins Schuhgeschäft und kauft sich neue. Ist ein Finger abgegangen, geht man in ein Fingergeschäft und holt sich Ersatz. Das nötige Kleingeld hat der Vater.

Wer Geld hat, macht das Unmögliche möglich. So empfinden bei uns schon die Kleinen. Auf jeden Fall wissen sie, daß das Geld zu unserem Leben gehört wie das tägliche Brot. Unsere Welt ist in der Tat ohne Geld nicht vorstellbar. Wir wollen auch nicht so tun, als sei Geld etwas Schlechtes.

In der Bibel finden wir ein gänzlich unverkrampftes Verhältnis dem Geld gegenüber. Jesus erzählt manche Gleichnisse, in denen der Gebrauch von Geld geschildert wird. Da ist das Gleichnis von den anvertrauten Pfunden (Matthäus 25), vom verlorenen Groschen (Lukas 15), vom Schalksknecht (Matthäus 18), vom barmherzigen Samariter (Lukas 10). Jesus selbst zahlt die vorgeschriebene Tempelsteuer (Matthäus 17) und einer seiner Jünger führt für alle anderen die Kasse (Johannes 12,6; 13,29).

Es kann nun nicht übersehen werden, wie klar die Bibel aber auch die Gefahren des Geldes und des Reichtums anspricht. Irdischer Besitz kann uns Menschen total gefangennehmen. Es geht eine seltsame Macht von ihm aus.

Der reiche Jüngling ist eine überaus sympathische Person. Er steht unmittelbar davor, sich mit seinem Leben auf Jesus, die letzte gültige Wahrheit, einzulassen. Jesus stellt ihn vor die Entscheidung: Gott oder irdische Güter? Es ist erschütternd: Die vergänglichen Dinge üben die größere Faszination auf ihn aus. »Er ging traurig davon, denn er hatte viele Güter« (Matthäus 19,22). Solch eine Macht also kann irdischer Besitz über uns gewinnen. Er kann bestimmend werden über unser ewiges Heil oder Unheil.

»Niemand kann zwei Herren dienen«, sagt Jesus in der Bergpredigt. »Ihr könnt nicht Gott dienen und dem Mammon.« Unser Gottesglaube und damit unsere Ewigkeit sind vom Mammon bedroht. Wer dem Mammon, dem irdischen Besitz, dient, kann Gott nicht dienen. Das eine schließt das andere aus. Irgendwo ist eine unsichtbare Grenze gezogen zwischen Geber und Gabe. Wer diese Grenze übertritt, verfällt vom Gottesdienst zum Götzendienst.

Wir stehen vor der Frage: Welchen Rang haben bei uns die irdischen Dinge, die wir besitzen oder besitzen möchten? (Es sind ja nicht nur die Reichen bedroht durch die Dinge, die sie haben. Die Armen sind ebenso bedroht durch die Dinge, die sie nicht haben. Was ich nicht oder noch nicht besitze, kann mich mehr beschäftigen, als das, was mir bereits gehört.) Die Frage, welch eine Bedeutung die irdischen Dinge in unserem Leben haben, ist selten ein für allemal abschließend beantwortet. Wir werden sie immer wieder neu stellen und vor Gott neu beantworten müssen.

Welch eine Faszination ist es, die vom Besitz ausgeht? Es ist eine »religiöse« Faszination. Die Dinge gehen mit dem Versprechen einher, daß wir durch sie »mehr vom Leben« haben werden. In Wahrheit aber ziehen sie uns vom Leben ab. Durch die vielen Dinge wird unser Leben nicht intensiver, sondern flacher. Das Leben wird in ihnen nicht gewonnen, sondern immer mehr verloren. Wir sind durch unseren Reichtum in Westeuropa nicht reicher an Lebensweisheit und -tiefe geworden, sondern ärmer. Warum eigentlich?

Alle Dinge – also auch der Reichtum – sind vergänglich. Sie tragen den Keim des Todes bereits in sich. Wir haben mit ihnen also nicht das Leben in den Griff bekommen, sondern eben – tote Dinge. Wer ihnen verfällt, ist dem Toten verfallen. Das wirkt sich aus. Leichengeruch umgibt uns in einer Welt, die den sterblichen Dingen den Vorrang gibt vor dem ewigen Gott. Es muß so sein und ist so mit unheimlicher Konsequenz. Es mutet an, als habe der Götze der vergänglichen Dinge längst gegenüber dem lebendigen Gott gewonnen. In welch einem Kadavergehorsam kriechen »moderne Menschen« vor dem Götzen Mammon! Welch eine Abhängigkeit vom Plunder dieser Welt! Welch eine Verehrung der toten Dinge!

Christen sind dem Reichtum und dem damit einhergehenden Zwang zum Konsum gegenüber nicht immun. Auch sie sind der Macht der vergänglichen Dinge oft in starkem Maße verfallen. Nur zu leicht wird man mitgerissen vom Sog einer Welt, die keine Ewigkeitshoffnung hat und darum ihren Lebenshunger im toten Besitz stillen muß.

Jesus sagt einmal: »Mühet euch nicht um die Speise, die vergänglich ist, sondern um die Speise, die bis ins ewige Leben bleibt, welche der Sohn des Menschen euch geben wird« (Joh. 6,27).

»Kümmert euch nicht ständig nur um das irdische Leben!«, sagt Jesus damit. »Kümmert euch um das ewige Leben! Jahr für Jahr hält euch das Vergängliche in Schach. Ihr dreht euch ununterbrochen um die toten Dinge. Das ist kein Leben. Es ist ein Totentanz. Kümmert euch um das ewige Leben! In euren Zeitungen, in der Reklame, in euren Fernsehstunden geht es stets um die vergänglichen Dinge. Der Keim des Todes ist längst in sie gelegt. Ihr aber seid wie vernarrt, vernarrt in die toten Dinge.«

Unsere satte und doch nimmersatte westliche Welt ist einer unheimlichen Macht verfallen. Uralte, unausrottbare »Religion« hat sich über uns hergemacht. Dreiste Ideologie hat uns überfallen, gefangengenommen und in Ketten gelegt. Es ist so etwas wie eine Weltanschauung unter uns aufgestanden. Jede Reklame träufelt uns ein Stück dieser Weltanschauung in die Seele. Sie verpaßt uns, ohne daß wir es merken, den Glauben an die vergänglichen Dinge. Hier ist Verführung am Werk. Wir verfallen in heidnische, gottwidrige Gläubigkeit. Selbst viele Christen verbringen viel Zeit auf der Seite des Todes. Es durchpulst auch sie ein grenzenloses Vertrauen zu den toten Dingen.

2. Von Verschwendern und Geizkragen

In den Jahren nach dem 2. Weltkrieg war ich noch ein Kind. Deutschland hatte viel Leid erlebt. Essen und Kleidung waren entsetzlich knapp. Wir hörten damals, daß Menschen in Amerika manchmal Brot wegwerfen würden; in Mülleimern fände man Nahrung, von der man einen ganzen Tag leben könne. Das war für uns eine sündhafte Verschwendung.

Ich konnte damals nicht ahnen, daß meine eigenen Kinder einmal im gleichen Überfluß aufwachsen würden. Sie kennen Armut, Hunger und Not nur vom Hörensagen oder aus dem Fernsehen. Es ist für sie ein unvorstellbarer Gedanke, selber von Hungersnot betroffen zu sein.

Junge Leute in der Bundesrepublik gehören heute zu den reichsten Jugendlichen der Welt. Sie verfügen im Durchschnitt über mehr Geld als je Generationen von jungen Menschen vor ihnen.

Junge Christen bilden da natürlich keine Ausnahme. Sie haben viel Geld. Da unsere Ansprüche in der Regel immer etwas höher sind als unsere finanziellen Möglichkeiten, wird das selbstverständlich oft anders empfunden. Mir ist aber kaum ein junger Christ begegnet, der nicht regelmäßig sein Taschengeld bekäme. Manche verdienen sich durch kleine Dienste noch eine beträchtliche Summe hinzu. Es ist für die meisten selbstverständlich, daß sie ihr Geld nun auch für ihre Zwecke ausgeben. Man lebt in dem Bewußtsein, ein gehöriges Anrecht darauf zu haben, und wäre empört, würde es einem plötzlich streitig gemacht.

So sparen die jungen Christen auf Cassettenrecorder, Mofas, Kofferradios und was unsere westliche Luxuswelt sonst noch zu bieten hat. Irgendwann sind diese Wünsche alle erfüllt. Ein großes Problem erhebt sich am sonst sonnigen Himmel der Teenager und Twens: Was kann man nur noch machen mit seinem vielen Taschengeld?

Angehende Konfirmanden geraten ebenfalls bereits in Verlegenheit, wenn sie dem Patenonkel sagen sollen, was sie sich zur Einsegnung wünschen. Ihnen fällt nichts mehr ein – nicht etwa, weil sie so anspruchslos wären, sondern weil alle Ansprüche bereits erfüllt sind. Auch diese »Ärmsten« kennen schon das große Problem: Was kann man nur noch machen mit seinem vielen Taschengeld?

Eine ganze Vergnügungs- und Konsumindustrie müht sich »redlich«, jungen Leuten bei der Lösung dieses Problems nach Kräften zu helfen. Immer neue »Lebensgüter« werden auf den Markt geworfen. Daß sich junge Menschen in Scharen darauf stürzen ist so sicher wie das Amen in der Kirche. Viele Milliarden wandern so in die Taschen dieser – im ganzen überflüssigen – Industrie.

Junge Christen spielen dieses makabre Spiel leider munter mit. Tun Sie es auch?

Warum nenne ich das ein makabres Spiel? Zur gleichen Zeit, in der junge Christen nicht wissen, was sie mit ihrem Taschengeld machen sollen, müssen andere Jugendliche und Kinder auf der

Welt in unsagbarer Not leben. Sie haben nichts zu essen und wissen nichts vom Evangelium. Viele kleine Missionsgesellschaften können ihren schweren diakonischen und missionarischen Dienst unter diesen Menschen nur notdürftig tun, weil ihnen die Mittel fehlen. Junge Christen aber verschleudern ihr Geld für teure tote Dinge, die ohnehin bald unbenutzt herumstehen. Diese Dinge werden zu Zeugen und Denkmälern unserer Ichsucht und Lieblosigkeit.

Lassen Sie sich nicht Bedürfnisse einreden, die Sie gar nicht haben! Seien Sie kritisch Ihrer eigenen Habgier gegenüber, sonst geben Sie ohne viel nachzudenken manches Markstück sinnlos aus. Wenn junge Leute Heiden sind, habe ich für ihre Habgier durchaus Verständnis. Wer den Götzen dient, wird auch ihren Gesetzen gehorchen müssen. Wenn junge Leute aber Christen sind, sollten sie sich von ihren heidnischen Altersgenossen jedoch gehörig unterscheiden. Darin spricht sich keine Verachtung den jungen Heiden gegenüber aus, sondern eine Hochachtung unserem Herrn gegenüber, dem bis in die finanziellen Belange hinein die Herrschaft gebührt. Hat er die Herrschaft über unserem Leben angetreten, dann doch auch im Bereiche des uns anvertrauten Geldes.

Als junger Christ machen Sie sich diesen Umstand vielleicht kaum bewußt. Oft wird der Gedanke, vor Gott auch mit dem Geld verantwortlich zu sein, instinktsicher und triebhaft verdrängt. Auf diese Weise sitzt jungen Christen im Blick auf die eigene Bedürfnisbefriedigung das Geld erschreckend locker. Auf christlichen Jugendfreizeiten kann man hier sein blaues Wunder erleben. Kaum kommt auf einer kleinen Wanderung eine Getränke- oder Imbißbude in Sicht, so sieht man die jungen Jünger Jesu lostrotten wie eine Herde Vieh zur trüben Tränke. Es ist, als wären plötzlich unsichtbare Seile über sie geworfen, an denen mit starker Hand gezogen wird. Nichts kann die junge Christenschar aufhalten. Schmierige Werbeplakate für Eis und Limonade üben eine gespenstische Macht auf sie aus. Kaum, daß es von ihnen jemand merkt. Sie kommen im unbeirrbaren Konsumzwang zur Kasse und leeren ihre Börsen. Der Duft einer Würstchenbude wirkt auf sie wie der

Leichengeruch auf eine Hyäne. Sie können nicht widerstehen. Kartoffelchips, Kaugummi und Kekse machen jedes Markstück locker. Mit magnetischer Kraft ziehen sie nicht nur das »Metall« aus der Geldbörse, sondern auch das »Papier«. Viel Geld wird auf diese Weise von jungen Christen gedankenlos und damit verantwortungslos ausgegeben.

Verschwendung aber ist nur eine Seite der Medaille. Wo sich Verschwendung einnistet, baut auch gern der Geiz sein Nest. Viele, die ihr Geld gern für sich selbst herauswerfen, sind ausgesprochen zurückhaltend, wenn es gilt, einmal etwas für einen anderen Zweck zu geben. Gute Zwecke gibt es genug, leider nur zu wenige Christen, die dafür etwas übrig haben. Es ist, als ob das Geld, das man für sich selbst verbraucht, mit einer anderen Brille gesehen wird als das, was man unter Umständen opfern könnte. Will man 10 Mark für eigene Zwecke ausgeben, sind sie nur ein geringfügiger Betrag, der schnell durch die Hände fließt. Diese gleichen 10 Mark aber scheinen eine außerordentlich hohe Summe zu sein bei dem Gedanken, sie opfern zu sollen.

Die Macht des vergänglichen Geldes macht auch Christen ziemlich zu schaffen. Wir haben es immer wieder erlebt: Je toter eine Gemeinde ist, um so geringer sind auch die finanziellen Opfer, die gebracht werden. Ich habe einmal während einer Vortragswoche in einer Kirchengemeinde vorgeschlagen, daß wir an jedem Abend für »Brot für die Welt« sammeln könnten. Man war gern damit einverstanden. Am Schluß des ersten Vortrags wies ich auf den Verwendungszweck des Opfers hin und sagte: »Wenn Sie heute kein Geld dabei haben, dann gibt es für Sie noch an den anderen Abenden die Möglichkeit, ihre Fünfzig- oder Hundertmarkscheine mitzubringen.« Ein Lachorkan brauste durch den christlichen Versammlungsraum. Ich hatte es ernst gemeint und stelle plötzlich fest, daß ich *den* Witz der Woche vom Stapel gelassen hatte. Der Gedanke, fünfzig Mark zu opfern, war für diese sehr wohlhabenden Leute nur ein besonders gelungener Scherz.

Geiz trübt den Blick für die Wirklichkeit. Er ist eine Blutvergiftung der Seele. Wenn Christen von ihr befallen sind, ist ihr Glaube in Lebensgefahr. An unserer Fähigkeit, fröhlich und frei zu opfern, erprobt sich unsere Liebe zu Gott. Wie können wir unseren Herrn lieben, wenn wir nicht bereit sind, etwas für seine Sache herzugeben? Seine »Sache«, das sind die Menschen, die das Evangelium nicht kennen, das sind die Hungernden in der Welt, das sind die Alten, Kranken, Armen und Hilflosen. Wer Güter und Geld mehr liebt als Gott, wird für Gottes Sache wenig übrig haben. Er wird sein Herz nicht öffnen für den Dienst der Ewigkeit. Es zeigt sich mit unbestechlicher Klarheit, was Jesus ausspricht: »Ihr könnt nicht Gott dienen und dem Mammon«. Dietrich Bonhoeffer sagt einmal: »Gott und Welt, Gott und die Güter sind widereinander, weil Welt und Güter nach unserem Herzen greifen, und erst, indem sie das Herz gewonnen haben, sind, was sie sind. Ohne unser Herz sind Güter und Welt nichts. Sie leben von unserem Herzen. So sind sie wider Gott. Wir können unser Herz nur einem in voller Liebe geben. Wir können nur einem Herrn ganz anhangen. Was dieser Liebe entgegensteht, verfällt dem Haß. Es gibt nach Jesu Wort Gott gegenüber nur Liebe oder Haß. Lieben wir Gott nicht, dann hassen wir ihn. Es gibt kein Mittleres. Gott ist so und darin Gott, daß er nur geliebt oder gehaßt werden kann. Es gibt nur das Entweder-Oder: Entweder du liebst Gott oder du liebst die Güter der Welt. . . . Aber eben indem wir Gott lieben und die Güter der Welt auch, so ist die Liebe zu Gott Haß, ist das Auge nicht mehr einfältig, ist das Herz nicht mehr in der Gemeinschaft Jesu. Ob wir das wollen oder nicht, es kann eben nicht anders sein. Ihr könnt nicht zwei Herren dienen, ihr, die ihr in der Nachfolge Jesu steht« (Dietr. Bonhoeffer, »Nachfolge« Seite 152 f. Chr. Kaiser Verlag).

3. Fröhliche Geber

»Einen fröhlichen Geber hat Gott lieb«, sagt die Bibel. Wie wird man ein fröhlicher Geber? Klingt nicht z. B. das Wort »Opfer« dunkel und düster? In seiner ursprünglichen Bedeutung hat das Wort tatsächlich nichts Fröhliches und Befreiendes an sich. Die

Götter sollten einst bewogen werden, den Menschen ihre Gunst zu schenken. Darum opferte man. Hatte man Angst vor Unheil und Strafe, so wurde geopfert. Wollte man eine Krankheit abwenden, glaubte man, das Opfer könne helfen. Ging es darum, die Liebe und Zuneigung eines Menschen zu erlangen, so mußte auch hier den zuständigen Göttern geopfert werden. Der *Mensch* steht bei den heidnischen Opfern im Mittelpunkt. Des Menschen Wille sollte geschehen, darum opferte man.

Im Alten Testament ist der Opfergedanke ganz anders. Das Volk Israel glaubte an den *einen* Gott. Er allein ist der Schöpfer. »Am Anfang schuf Gott Himmel und Erde.« Das heißt: Alles gehört Ihm! Das Opfer wird zum Zeichen: Alles ist dein, wir stellen es dir zu deiner Verfügung.

Zum anderen stand Israel in einem Bundesverhältnis zu Gott. Das Opfer wurde damit zum Zeichen dieses Bundes. Das Opfer bedeutete: Wir stehen *in* diesem Bund und wir stehen *zu* diesem Bund. Gott selbst hatte die Bundesopfer geboten. Bei den Propheten aber wird deutlich, daß es Gott nicht um die Opfer also solche geht, sondern um den Gehorsam, also um das Herz des Menschen. Opfer können eben auch im Volke Gottes heidnisch mißbraucht werden.

Wenn Gott nach dem Herzen der Menschen fragt, fragt er nach ihrem Motiv: Warum opfert ihr eigentlich? So stehen beim Propheten Amos die Worte: »Suchet *mich*, so werdet ihr leben. Suchet nicht Bethel und kommt nicht nach Gilgal und geht nicht nach Beerseba . . .« Die hier genannten Orte sind bekannte israelitische Opferstätten. Man kann den Ritus des Opfers einhalten und dennoch Gott dabei verfehlen. »Ich habe Lust an der Liebe und nicht am Opfer, an der Erkenntnis Gottes und nicht am Brandopfer«, sagt Gott durch den Propheten Hosea (6,6).

Im Neuen Testament aber erleben wir, was den Opfergedanken betrifft, eine unergründliche Wandlung. Nicht der Mensch ist es, der Gott seine Opfer bringt, sondern Gott opfert für die Menschen seinen eingeborenen Sohn. Wir haben nichts mehr zu opfern im klassischen Sinn. Das ist das unüberbietbare Opfer: Gott gibt uns seinen Sohn. Wer dieses Opfer Gottes für sich annimmt, der ist versöhnt mit Gott. Dieses Annehmen aber bedeutet, daß ich mein eigenes Leben, das von den Spuren der Sünde gezeichnet ist, abgebe. »Ich lebe; doch nun nicht ich, sondern Christus lebt in mir«, sagt Paulus (Galater 2,20). »Jetzt gehöre ich nicht mehr mir selbst«, sagt Paulus damit. »Alles, was ich bin und habe, gehört meinem Herrn.« Man kommt so in eine Unabhängigkeit und Freiheit hinein, die auch unser Verhältnis zum Geld bestimmen. Diese Freiheit ist schön. Je mehr man sie lebt, um so schöner wird sie.

Kann ich aber diese Freiheit wirklich leben? Wir existieren ja weiterhin in dieser Welt. Unser Leib ist die Signatur, das Kennzeichen, das uns an diese Welt bindet, solange wir leben. Alle Fasern unserer Leiblichkeit ziehen uns immer wieder in diese Welt und binden uns. Jede Zelle in uns schreit nach der Welt. In mir lebt die Ewigkeit, aber mein Leib lebt in der Zeit. Durch ihn hänge ich an der Welt und damit auch am Geld. Wie kann ich die christliche Freiheit dennoch leben?

Jesus spricht in der Bergpredigt ausführlich über das Thema »Schätze sammeln auf Erden«. An einer entscheidenden Stelle sagt er: »Das Auge ist des Leibes Licht. Wenn dein Auge einfältig ist, so wird dein ganzer Leib licht sein; ist aber dein Auge böse, so wird dein ganzer Leib finster sein.« Es geht unserem Herrn hier offenbar um die »einfältige« Blickrichtung. Die Einfalt des Auges besteht darin, daß ich *eine* Sache ins Auge fasse, nämlich die Sache Gottes. Wenn ich mit dem Auge umherschweife und noch anderes suche und meine, was mich bestimmen und beherrschen soll, dann verführt mich das Auge. Ich entferne mich von dem Einen. Es kommt also auf den richtigen Blick, auf das richtige Sehen an: Alles, woran ich hänge, alle sichtbaren Dinge werden einmal nicht mehr sein. Alles, was existiert, ist vergänglich, ist nichtig. Wenn ich diesen »Blick« habe, dann weiß ich, daß ich immer nur opfern kann, was ich über kurz oder lang sowieso loslassen muß. Nur das hat wirklich Bedeutung, was Ewigkeit hat. Der Blick auf diese Ewigkeit, auf Jesus selbst, wird uns immer wieder befreien von den Bindungen der Zeit. In dem Maße, wie wir im Angesichte der

Ewigkeit leben, werden wir auch immer wieder befreit von der Macht der vergänglichen Dinge. Gott hat uns in Jesus alles geschenkt, sollten wir da noch geteilte Herzen haben? Durch das Opfer Gottes wird der, der es empfängt, fröhlich und dankbar. Unsere »Opfer« können nur noch Ausdruck dieser Dankbarkeit sein.

Fröhliche Geber werden wir also durch Dankbarkeit. Viele gläubige Christen haben es sich zur guten Angewohnheit gemacht, den 10. Teil ihres monatlichen Verdienstes zu opfern. Warum sollten junge Christen nicht auch den Zehnten geben von ihrem Taschengeld? In einem Bericht des »Offenen Abends« in Stuttgart (dieser Gruppe gehören ca. 250 Mitarbeiter an) lese ich: »Bei den Dankbaren öffnet sich auch der Geldbeutel, der bekanntlich neben der Sexualität am letzten vom Gehorsam Christi erfaßt wird. Viele (vom Offenen Abend) richten sich unverbindlich nach der Spielregel des Zehnten. So konnten wir – ohne Mitgliedschaft und Mitgliedsbeiträge – bereits über eine Million DM nach Peru überweisen. Dort tragen wir z. B. den Unterhalt von fünf peruanischen Lehrern. Auch haben wir in Vietnam ein Haus für das Team der Christusträger, in Pakistan die Erweiterung eines Aussätzigenheims und in Kamerun ein Eheberatungszentrum finanziert. In Südindien kommen Projekte für ehemals Kastenlose und geheilte Aussätzige hinzu. Brunnen, Traktoren, Motorboote und Zuchtvieh haben uns in verschiedenen Teilen der Welt dankbare Freunde geschaffen« (aus: »Hauskreise über der Bibel« von H. Wenzelmann, Brockhaus).

Kein Appell ist in der Lage, Menschen unserer Zeit in fröhliche Geber zu verwandeln. Das vermag allein das Evangelium, weil es frei macht und froh dazu. Wir wollen das Wort Christi reichlich unter uns »wohnen« lassen. Dann wird Dankbarkeit in unsere Herzen einziehen und uns bestimmen. Nur auf diese Weise werden wir frei von Habgier und Geiz, nur auf diese Weise kommen wir in die Unabhängigkeit, die uns zu fröhlichen Gebern macht.

VI. Wer betet, verpaßt nichts mehr

1. Eine große Möglichkeit

Unser Jahrhundert hat uns über große Dinge aufgeklärt. Ich denke an das Gebiet der Weltraumforschung. Was wir Menschen da entdeckt haben, ist einfach unfaßbar.

Das Weltall ist unsagbar groß. Man ist zu dem Ergebnis gekommen, daß im Universum etwa soviel Sterne existieren, wie es Sandkörner an allen Küsten unserer Erde gibt. Eines der kleinsten ›Sandkörner‹ unter ihnen ist der Planet, auf dem wir leben. Uns aber erscheint er so schwer, so wuchtig, so groß. Wenn unsere Erde nur ein Körnchen ist, was sind dann wir Menschen? Wir sind unsagbar klein. Man könnte denken, daß wir im Grunde genommen gar nicht da seien, so winzig sind wir.

Wer in dieser Zeit, in der wir das alles wissen, an Gott glaubt, der blickt mit ganz anderen Augen zu ihm auf, als es in anderen Jahrhunderten möglich war: Was muß das für ein Schöpfer sein! Wie unermeßlich und herrlich muß der sein, der das alles geschaffen hat! Er lenkt die Milchstraßen und Sonnen mit sicherer Hand. Er wirkt hinein in das kleinste Elementarteilchen. Gott hat mit Welten zu tun, von deren Existenz wir nichts ahnen. Und er hat gleichzeitig jedes Haar auf unserem Haupte gezählt. Im Psalm 139 heißt es: »Wo soll ich hingehen vor deinem Geist, und wo soll ich hinfliehen vor deinem Angesicht. Führe ich gen Himmel, so bist du da. Bettete ich mich in die Hölle, siehe, so bist du auch da. Nähme ich Flügel der Morgenröte und bliebe am äußersten Meer, so würde mich doch deine Hand daselbst führen und deine Rechte mich halten.«

Das heißt doch: Es gibt keinen Ort im großen All, in den Gott nicht hineinwirkte, den Gott nicht beherrschte. Mag dieser Ort noch so abgelegen sein, mag er in unseren Herzen liegen oder weit draußen im Universum: Gottes Kraft reicht überall hin! Bei Gott laufen alle Fäden zusammen. Gott regiert die Welt. Um es in einem modernen Bild zu sagen: Gott sitzt am Armaturenbrett der Weltregierung. Auf diesem Armaturenbrett sind alle Belange der Schöpfung registriert. Dort kommt alles vor, auch und besonders der Mensch. Jeder Mensch, Sie und ich, kommen bei Gott vor. Wir sind bei ihm registriert. Auf dem Armaturenbrett der Weltregierung Gottes ist gewissermaßen ein Lämpchen, das Ihren Namen trägt. Jeder hat seinen besonderen Platz ganz vorn im Blickfeld Gottes.

Was bedeutet das für unsere Behauptung: Wer betet, verpaßt nichts mehr? Einer unserer Gottesmänner hat einmal gesagt: Beter haben Anteil an der Weltregierung Gottes. Er wollte sagen: Wir können uns einschalten in Gottes Weltregierungsprogramm. Wenn irgend ein Mensch unter uns betet, so leuchtet sein »Lämpchen« auf Gottes Armaturenbrett wie ein Signal. Unser Gebet auf Erden löst in der Ewigkeit etwas aus. Gott sieht Ihr Signal, während Sie beten. Er hat Ihren Namen, er hat Sie selbst vor sich, wenn Sie ihm signalisieren, wenn Sie beten. Der lebendige Gott beschäftigt sich mit Ihnen, sobald Ihr Lämpchen aufglüht. Er beschäftigt sich mit Ihrem Gebet, in dem Sie ihm Ihre Not sagen. Er beschäftigt sich mit Ihrem Leid, Ihrer Freude, Ihren Tränen, Ihrem Glück, Ihrer Bitte, Ihrer Fürbitte, Ihrem Dank, Ihrem Lob, Ihrer Anbetung. Gott beschäftigt sich aber auch mit dem kümmerlichsten Gebet. Er beschäftigt sich mit jedem Seufzer, den ein Mensch ausstößt, wenn ihm die Worte für ein Gebet fehlen.

Glauben wir wirklich, daß diese Welt vom Thron Gottes aus regiert wird? Glauben wir, daß unser Gebet vor diesen Thron Gottes dringt?

Gebet, das ist entweder der größte Unsinn aller Zeiten – oder aber *die* erregende Möglichkeit in der Geschichte dieser Welt. Man kann entweder nur aufgebracht protestieren, wenn es um dieses Thema geht, oder aber ein leidenschaftlicher Beter sein. Beten heißt: Ich habe Zutritt zu Gott. Ich darf mich dem Schöpfer aller Dinge mitteilen. Ich darf mit dem reden, der da war, ehe es ein Weltall gab, und der da sein wird, wenn diese Erde längst nicht mehr ist. Ich bin ein Stäubchen im Kosmos. Und doch darf ich den in seiner Heiligkeit unnahbaren Gott auf mich besonders aufmerksam machen, ihn bitten, der beständige Partner in meinem Leben zu sein. Ich, eine winzige Kreatur, vergängliche Bakterie im Weltenraum, die kaum, daß sie lebt, schon wieder stirbt, ich kann mich festbinden an meinen ewigen Gott. Mein vergängliches Leben erhält unter seiner Hand Ewigkeit.

Wer da nicht betet, der begeht den größten Selbstbetrug. Menschen ohne Gebet sind immer betrogene Leute. Wer betet, hat freien Zugang zum Herrn der Welt. Wer betet, braucht keine Instanzen zu durchlaufen. Er braucht nicht um Eintritt zu ersuchen. Er klopft an, und schon ist ihm aufgetan. Er kann immer eintreten, sofort! Er braucht nicht um ein wenig Sprechzeit zu bitten. Gott hat jederzeit für jeden Zeit. Gott hat die Ewigkeit, darum hat er so viel Zeit. Er hat Zeit für Sie, unbegrenzt! Haben Sie auch welche für Ihn? – Bei Gott laufen alle Fäden dieser Welt zusammen wie in einer großen Telefonzentrale. Und er hält alle diese Fäden in seiner Hand. Wer Gott anruft, hat Direktanschluß beim König aller Könige. Wer betet, ist im Zentrum aller Dinge. Kein Mensch hat darum soviel Einfluß und soviel Fernwirkungen auf andere wie der Beter.

Beten heißt, reicher zu sein als jeder Millionär. Der Beter weiß: Ich bin nur ein Kind, das bitten und betteln kann. Aber ich bin das Kind des reichsten Vaters. Dieser Vat hat ja alles. Er hat alles in Händen. Darum kann er auch sagen: Bittet, so wird euch gegeben. Ich habe es doch. Es gibt nichts, worüber Gott nicht souverän verfügte. Dem Schöpfer aller Dinge gehören alle Dinge. Man braucht in dieser Welt keine großartigen Beziehungen zu haben, man muß nur ein Beter sein.

Gott sitzt am Armaturenbrett der Weltregierung. Das heißt, er überblickt alles, was wir nicht überblicken. Er lenkt Dinge, die wir nicht lenken können. Er verfügt über Möglichkeiten, über die wir nicht verfügen. Es steht bei Gott ein Reichtum bereit, den wir nicht erahnen. Darf ich nur eines antippen (wir kommen später noch einmal besonders darauf): Bei Gott liegt ein Kapital an Vergebung. Es ist ein Kapital, das gedeckt ist durch das Blut Jesu. Dieses Kapital ist da, es wartet nur darauf, daß es abgehoben wird. Wenn ein Kapital da ist, so ist doch die Frage: Wer hebt es ab? Beter heben ab, und Gott zahlt immer in »barer Münze«.

Gebet setzt sich »bar« in Segen um. Die Möglichkeit des Beters ist atemberaubend. Er kommt nie zu kurz. Er hat ja Verbindung zu Gott. Und wenn alle sagen: »Zeit ist Geld«, so weiß der Beter doch, daß keine Zeit besser angelegt ist als im Gebet. Und wenn alle sagen: Wenn ich bete, kann ich wer weiß was versäumen, so weiß der Beter doch, daß das Versäumte niemals wertvoller sein kann als das, was er durchs Gebet empfängt. Wer betet, kann nichts versäumen. Wer betet, verpaßt nichts mehr. Er hat immer direkten Zugang zu dem Vater, der alle Schätze, alle guten Gaben, allen Segen in Händen hält, um auszuteilen.

Wer recht betet, tut es nun nicht um der Schätze oder um der guten Gaben willen. Wer recht betet, tut es um Gottes willen. Denn mit Gott zu reden, Gott selbst zu empfangen im Gebet, das ist ja mehr als irgendeine Gabe. Das ist ja der Geber. Gebet ist die geöffnete Tür, durch die Jesus Christus in unser Leben hereinkommt. Beten heißt: Jesus einlassen, ihn Raum gewinnen lassen in uns. Und was hängt alles an diesem Namen Jesus! Wer Jesus einläßt, läßt die Versöhnung mit Gott in sein Leben. Er läßt göttlichen Frieden, unaussprechliche Liebe, große Kraft, Freude und Ewigkeit hinein. Wer betet, läßt den König aller Könige in sein Leben. Wer betet, tritt aus trostloser Einsamkeit heraus in eine beglückende Gemeinschaft. Wer betet, tritt aus eisiger Kälte an ein wärmendes Feuer. Wer betet, kommt aus der Fremde zurück in die Heimat, zu seinem Vater. Wer betet, tritt aus der Dunkelheit ins Licht. Er tritt aus dem Schatten in die Sonne. Beten heißt: sich der Sonne aussetzen. Es gibt Menschen, die sind krank. Der Arzt verordnet ihnen Stille, Licht, Luft und Sonne und schickt sie ins Sanatorium. Sie tun dort nicht viel, nur eines, sie setzen sich der Sonne, dem Licht und der Luft aus und werden dabei geheilt. Beim Beten erholt sich die Seele, ohne selbst viel dabei zu tun. Sie setzt sich nur den Strahlen der göttlichen Sonne aus, und die heißt: Jesus Christus. Seine Strahlen hinterlassen ewige Wirkungen. Gerhard

Tersteegen hat den wunderbaren Satz gesagt: »Wie die zarten Blumen, willig sich entfalten, und der Sonne stille halten, laß mich so, still und froh, deine Strahlen fassen und dich wirken lassen.« Beten heißt: Jesus wirken lassen durch unser sonst so wirkungsloses Leben.

Vielleicht sagen Sie: Wer bin ich schon. Was kann ich schon. Was kann mein Gebet schon ausrichten? Nun, zunächst einmal müssen wir doch fragen: Was ist die Voraussetzung des Gebetes? Muß man ein bedeutender Mensch sein? Muß man religiös veranlagt sein? Muß man ein brennendes Gefühl haben oder durchdachte Gedanken formulieren? Ich glaube, es gibt nur eine Voraussetzung für das Gebet: Man muß hilflos sein, einfach hilflos. Man muß da stehen wie ein Kind, das nichts hat und nichts kann, und das dann zum Vater läuft. Das Gebet ist für Hilflose eingerichtet, nur für Hilflose! Ich werde in dem Maße beten, wie ich weiß, daß ich hilflos bin. Wo ich das Gefühl habe, selbst etwas machen zu können, tüchtig genug zu sein, um dieses oder jenes zu erreichen, da werde ich bald aufhören zu beten. Für Dinge, die machbar sind, bedarf es keines Gebetes. Dinge dagegen, die nicht machbar sind, die nur Gott allein tun kann, können allein durch das Gebet verwirklicht werden.

Ist es richtig, wenn wir denken: Wer bin ich schon, und was kann ich schon? Natürlich ist es in einer Weise richtig, aber die andere Weise gehört dazu. Die ganze Wahrheit ist: Ich kann nichts, aber Jesus kann alles. Also muß Jesus das in mir vollbringen, was ich nicht vollbringen kann. Jesus muß hinein in mein Leben. Er muß in mir wohnen, in mir Raum gewinnen. Beten heißt also: Jesus hineinlassen in mein Leben. Es heißt: Jesus in mir wohnen lassen. Er soll Raum gewinnen in uns. Er soll leben und wirken – in uns und durch uns. Wenn Jesus in uns lebt und durch uns wirkt, dann werden – von dieser Welt vielleicht unbemerkt – Dinge geschehen, die noch in der Ewigkeit gefunden werden. Es ist ein Geheimnis um einen gesegneten Menschen. Und dieses Geheimnis heißt: Gebet.

2. Eine große Not

Beten Sie noch? Seien Sie einmal ehrlich vor sich selbst und vor Gott. Wie sieht das aus mit Ihrem Gebet? Machen Sie regen Gebrauch von dieser herrlichen Möglichkeit? Wieviele Lämpchen leuchten wohl schon lange nicht mehr auf dem Armaturenbrett der Weltregierung Gottes? Wie lange hat Gott von Ihnen nichts mehr gehört? Wie lange wartet Gott schon vergebens auf ein geistliches Lebenszeichnen von Ihnen? Auf wieviele Menschen könnten Sie den Segen Gottes herabbeten, aber er bleibt aus, weil Sie nicht mehr beten? Vielleicht sind darunter Ihre eigenen Geschwister, vielleicht die eigenen Eltern. Es hat einmal jemand gesagt: »Wenn die Verlobte von ihrem Bräutigam immer weniger Briefe empfängt, so weiß sie genau, daß ihre Liebe in Gefahr ist.« Wenn Sie nicht mehr beten, dann ist Ihre Liebe zu Gott in Gefahr.

Es gibt heute viel Müdigkeit in der christlichen Welt. Die Gemeinde Jesu ist in ihrer Liebe kalt geworden, lau und wie gelähmt. Warum? Die Antwort ist einfach: weil sie nicht mehr betet.

Wie sieht es in Ihrem Leben aus? Schöpfen Sie reichlich Kraft aus der Kraftquelle Gottes? Oder sind Sie schon lange kraftlos, weil Sie die ewige Quelle nicht mehr beachten? Geht noch etwas aus von Ihrem Leben? Springen da Funken über? Können Sie sagen, daß Sie anderen Menschen geistlich etwas bedeuten, oder ist da nichts mehr? Wieviele Christen sind leergepumpt durch die harten Forderungen des Alltags. Wieviele Christen waren einmal frische, gesunde Pflänzchen, als sie ihren Weg mit Jesus begannen. Wieviele Christen versprachen eine blühende Blume zur Ehre Gottes zu werden. Und nun sind sie vertrocknet in der Hitze dieser gnadenlosen Welt. Sie bieten geistlich ein Bild des Jammers. Wer weiß wirklich vom anderen, wie es in ihm aussieht? Wer weiß es vom anderen, wie er sich nur noch mühsam hinschleppt und hinquält in seiner Nachfolge? Wieviele Christen sind innerlich einsam geworden, weil sie nicht mehr beten! Und da ist keiner, der sie an die Hand nimmt und sie wieder hinführt zur frischen Quelle. Denn der, der es könnte und sollte, ist vielleicht selbst am Ende.

Wir leben in einer großen geistlichen Dürre. Es ist ja nicht nur einer in der Gemeinde, den die Hitze dieses Lebens an den Rand des Verdurstens gebracht hat. Es sind ja so viele, die nicht mehr können, die darum nicht mehr beten können! »Beten ist das Atemholen der Seele«, hat einmal jemand gesagt. Steht unsere Seele noch unter der Zufuhr frischer, geistlicher Luft? Wieviele unter uns leiden unter beklemmender Atemnot! Wieviele kriegen keine Luft mehr und möchten doch so gerne wieder frei atmen können. Geht uns nicht allen der Atem aus in der Ruhelosigkeit dieser Welt? Raubt uns unsere Umwelt nicht allen viel geistliche und seelische Kraft?

Der Mensch ist ein wunderbarer Kosmos an Gedanken und Gefühlen. Aber aus diesem Kosmos droht unter der Hand ein Chaos zu werden, ein Chaos von Gedanken und Gefühlen. Wir stellen fest, daß wir nicht die Kraft haben, stille zu werden und zu beten. Zu sehr streben die Gedanken und Gefühle auseinander. Sie ziehen uns in Richtungen, die wir gar nicht wollen. Beten gibt große Kraft, aber wir bringen nicht mehr die kleine Kraft auf zu beten. Wir verbrauchen unsere Kräfte im Vordergründigen. Darum ist soviel Kraftlosigkeit da, wenn es um die eigentlichen Hintergründe unseres Lebens geht.

Wer anfangen will zu beten, muß von vornherein wissen: Es ist einer da, der unter allen Umständen verhindern will, daß es zum Gebet kommt. Er will die Stille zerstören. Es geht hier um einen Punkt, der unter dem vollen Beschuß des Feindes Gottes steht. Warum wohl? Der Teufel wird gestört, wenn wir beten. Wir werfen sein ganzes Programm, das er mit uns hatte, über den Haufen, wenn wir beten. Gebete sind Einbrüche in das Reich des Satans, darum sucht er sie im Keim zu ersticken.

Beten können nur die, die es fertig bringen, stille zu werden. Das ist nicht so leicht. Warum ist es so schwer, stille zu werden? Irgendwo las ich den Satz: »Wenn der Mensch still wird, dann kommt er zu sich selbst, und damit zu seiner größten Schwierigkeit.« Beten fängt an mit der Stille vor Gott. Und da liegt schon unsere große Not. Wir können nicht mehr stille sein. Wir haben oben schon kurz darüber etwas gesagt. Wir halten keine Stille mehr aus, keine fünfzehn, keine zehn Minuten wirkliche Stille vor Gott. Woran liegt das? Es hat äußere Gründe, und es hat innere Gründe.

Ein paar Worte zu den äußeren Gründen: Wir werden heute immer mehr zum Spielball der Eindrücke und Gedanken, die auf uns niedergehen. Was nehmen wir nicht alles auf! Was müssen wir alles verkraften! Was dringt nicht alles in unsere Seele ein! Da ist die Welt des Films, des Fernsehens, der Schlager, da sind die Illustrierten, da sind die Comics, die Magazine, eine große Revue von Mächten, die uns beeinflussen. Eine ganze Vergnügungsindustrie macht sich über uns her. Vielleicht denken Sie: Was ist schon dabei. Nun, die Psychologie lehrt uns, daß jedes Bild, das wir sehen, jedes Wort, das wir hören, jeder Gedanke, den wir denken, in unserem Unterbewußtsein haften bleibt. Wie wir leben, was wir erstreben, was wir wollen, was wir ablehnen, was wir gerade denken, welche Laune wir haben, kurz, unser ganzes bewußtes Leben ist abhängig von unserem Unterbewußtsein. Je mehr dieses Unterbewußtsein von unruhigen Dingen verseucht wird, um so mehr wird unser Leben, unser Bewußtsein, verseucht. Wir können uns nicht diesen Dingen wahllos aussetzen, ohne Schaden zu nehmen. So ist es nicht nur außen laut, sondern innen auch. Wir schlucken dauernd Gift und wundern uns noch, daß wir vergiftet sind. Wer beten will, muß sich vor dem ständigen Konsum unruhiger Bilder schützen. Wer beten will, muß Stille haben, denn Gott spricht uns meistens sehr leise an. Aber es ist so laut, außen und innen. Das ist unsere große Not: Wir machen uns selbst unfähig, die Stimme Gottes noch zu vernehmen. Der Lärm der Menschen nimmt in dem Maße zu, wie man Gott nicht mehr hören will. Und unsere Seele zerrinnt in den Bildern dieser Welt. Daß wir nicht mehr beten können, hat oft solche äußeren Gründe.

Aber es gibt auch einen inneren Grund, der das rechte Beten verwehrt. Es gibt heute so viele Gebetsnot unter uns, weil es so viel Sündennot gibt. Beten heißt mit Gott Kontakt haben. Beten heißt mit dem Himmel verbunden sein. Jede unvergebene Schuld aber stört den Kontakt zur Ewigkeit. Sünde belastet. Lasten machen müde, sie lähmen und rauben den Atem. Wenn ein Kind etwas ausgefressen hat, so drückt es sich vor dem Vater. Es scheut sich davor, mit ihm zu reden. Sünde macht einsam und unfroh. Man kann nicht glücklich sein in der Sünde. Viele Christen sind gebetsmüde, weil sie an unvergebener Schuld leiden. Die Leitung, durch die Gottes Segen fließen wollte, ist verstopft. Darum fällt das Beten aus. Ein großes Geschenk liegt brach. Eine große Chance wird nicht genutzt. Aus einer herrlichen Möglichkeit ist eine tiefe Not geworden: Man spricht nicht mehr mit seinem Gott.

3. Wie wir beten können

Fangen wir wieder bei den äußeren Dingen an. Wir können nicht beten, sagten wir, weil es um uns und in uns so laut ist. Was ist da zu tun? Wir müssen unsere Seele abschirmen. Wir brauchen Zellen der Stille. Wenn wir durch die Straßen einer Großstadt gehen, sind wir umgeben von Lärm wie von einer tosenden Brandung. Wollen wir telefonieren, suchen wir eine Telefonzelle auf. Wir gehen hinein, schließen die Tür, und plötzlich sind wir abgeschirmt. Es ist still genug, daß wir die leise Stimme unseres Gesprächspartners hören können. Wer beten will, braucht in seinem Leben abgeschirmte Zellen. Haben Sie solch eine Zelle in Ihrem Leben, oder gehen Sie täglich im Lärm und Betrieb Ihrer Familie oder Ihres Berufes unter? Solch einen Platz der Stille muß man fest einplanen. Christen, denen das Auge geöffnet wurde für das Geheimnis des Gebetes, halten am Tag stille Zeit. Sie suchen die Stille mit Gott.

Zum Beten gehört auch Konzentration. Das heißt, wir müssen konzentriert *leben*. Wer den ganzen Tag unkonzentriert lebt, kann nicht plötzlich eine Viertelstunde lang konzentriert sein. In uns sind viele Kräfte lebendig. Unser Geist, unsere Gedanken, unsere Fantasie, unsere Gefühle, unsere Wünsche, unsere Impulse, Zuneigung und Abneigung, Begeisterung und Ablehnung – all das sind Kräfte in uns. Gute Kräfte! Sie haben nur einen Fehler: Sie streben immer nach allen Richtungen auseinander. Konzentriert leben heißt: diese Kräfte in den Griff bekommen, damit man sie steuern, auf einen Punkt ansetzen kann: Gespräch mit Gott. »Weil die Lupe imstande ist, das Licht und die Wärme der Sonne einzufangen und in einem einzigen Punkt zusammenzubinden, ist sie in der Lage ein Feuer zu entfachen« (Michel Quoist). Wir müssen es üben, unsere Kräfte, unsere Gedanken zusammenzuhalten, sie zu konzentrieren auf *einen* Punkt. Wenn ich bete, kommen mir viele Gedanken, die gar nicht kommen sollen. Ich erinnere mich an Dinge, die ich noch zu erledigen habe, die ich auf keinen Fall vergessen darf. Da helfe ich mir einfach dadurch, daß ich sie mir aufschreibe. Damit sind sie festgehalten und stören mich nicht mehr. Halten Sie darum Bleistift und Papier bereit, wenn Sie beten.

Reservieren Sie für das Gebet eine bestimmte Tageszeit, die Sie möglichst auch einhalten. Besorgen Sie sich für die stille Zeit einen Bibelleseplan. Beten und Bibellesen gehören zusammen. Wer die Bibel liest, wird angeredet von Gott. Und wer angeredet wird, möchte dem Vater auch antworten.

Was uns das Beten am stärksten verwehren kann, ist das, was uns vor Gott belastet. Was ist da zu tun? Alle Schuld, die das Beten hindert, muß abgegeben werden. Das geht oft nicht allein. Darum sollte man zu einem Seelsorger gehen, um das herauszubringen, was sich an Schuld angesammelt hat. Das Licht muß in die Finsternis, nur dann wird es hell. Nur die Sonne kann kalte Schatten vertreiben. Dann wird es warm. Haben Sie einmal gesehen, wie die Sonne den Schatten vor sich hertreibt, wenn sie aus den Wolken kommt? Der Schatten flieht. Er kann sich der Sonne gegenüber nicht behaupten. Plötzlich ist der Schatten weg, als wäre er nie gewesen. Ähnliches ereignet sich in der Seelsorge. Die Schatten der Sünde vergehen durch die Sonne, die Jesus Christus heißt. »Die Sonne, die mir lachet, ist mein Herr Jesus Christ!« Wir werden darüber noch in einem besonderen Kapitel nachdenken. Es geht darum, daß wir unseres Glaubens wieder froh werden. Es ist ein Geheimnis um die Fröhlichkeit des Glaubens. Dieses Geheimnis liegt im Gebet.

Wer betet, fängt an, Ordnung in sein Leben zu bekommen, vor allem die so wichtige Rangordnung. Wer betet, verläßt seinen Standort. Er begibt sich in Gottes Nähe. Wer seinen Standort wechselt, bekommt eine neue Perspektive. Aus der Perspektive Gottes wird einem das Kleine klein und das Große wird unendlich groß. Als ich das erste Mal meinen Heimatort von einem hohen Berg aus sah, gingen mir die Augen über. Ich stand da und staunte: »So sieht das aus?« Wenn Sie als Beter den Standort Gottes eingenommen haben, dann blicken Sie einmal auf die Landschaft Ihres bisherigen Lebens. Sie werden diese Landschaft vielleicht gar nicht mehr wiedererkennen. Sie haben eine ganz andere, aber endlich gültige und richtige Perspektive bekommen.

Wie sollen wir beten? Es ist das Kennzeichen von Heiden, daß sie beim Beten ständig bitten, aber nie wirklich danken. Es ist seltsam, daß kleine Kinder nie darauf kommen, sich für ein Geschenk zu bedanken. Darum werden sie von den Eltern dazu erzogen, besser gesagt, darauf dressiert: »Sag danke!« Es ist uns fremd, dankbar zu sein. Von Natur aus sind wir gern bereit zu nehmen, aber das Danken fällt uns schwer. In Ihrem Gebet gebührt dem Dank jedoch ein besonderer Platz. Wofür können Sie danken? Alles, was Sie sehen, alles, was Sie sind, alles, was Sie können, alles, was sich in Ihrem Leib abspielt – all das ist ein Dankgebet wert. Jeder Mensch, den Sie kennen, Ihre Freunde, aber auch die, die Ihnen das Leben schwer machen – alles ist ein Dankgebet wert. Jeder Atemzug, jede Minute, jeder Tag, den Gott Ihnen schenkt, ist ein Dankgebet wert. Durch Danken kommt Freude ins Leben hinein. Gott hat unseren Dank nicht nötig, wir aber das Danken!

All unsere Bitten sollten eingeschlossen sein im Dank. Natürlich dürfen wir Gott auch bitten, selbst um die kleinsten Dinge. Wir dürfen ihm alles sagen.

Und dann ist da die Fürbitte, ein Bitten *für* andere. Schließen Sie Ihren Nächsten in die Fürbitte ein. Vielleicht legt Gott Ihnen einen bestimmten Menschen auf die Seele, für den Sie beten sollen: Vater, Mutter, Geschwister, Großeltern, Lehrer, Freunde, den Pastor Ihrer Gemeinde.

Wenn Sie beten, können Sie Ihren Herrn auch an seine Verheißungen erinnern. Er hat gesagt, daß er das Gebet erhört. Darum hören Sie nicht auf zu beten. Vertrauen Sie Gott, daß er zu seinem Wort steht. Es gibt Christen, die sind so gewiß, daß Gott sie erhören wird, daß sie schon im voraus für die Erhörung ihrer Bitten danken. Man kann das sicher nicht immer nachmachen. Aber es gibt eine Erhörungsgewißheit, die Gott schenkt, bevor er erhört.

Viele Christen in unserer Zeit haben sich darauf besonnen, daß das eigentliche Beten die Anbetung ist. Wir werden still vor Gott und tun nichts anderes, als ihn selbst, seinen Namen, zu loben und zu preisen. Anbetung gibt Gott die Ehre, die ihm gebührt. Anbetung richtet all mein Sinnen und Denken auf Gott aus. Ich sage ihm, daß er das ist, was er ist: alles in allem, Herrscher der Heerscharen, König aller Könige, barmherziger, ewiger Gott. Anbeten, loben und danken, das ist das Grundgeheimnis des Betens. Wer sich da hineinfindet, ist ein Beter. Er verpaßt nichts mehr.

VII. Wie ein brennender Busch

»Mose aber hütete die Schafe Jethros, seines Schwiegervaters, des Priesters in Midian, und trieb die Schafe über die Steppe hinaus und kam an den Berg Gottes, den Horeb. Und der Engel des Herrn erschien ihm in einer feurigen Flamme aus dem Dornbusch. Und er sah, daß der Busch im Feuer brannte und doch nicht verzehrt wurde. Da sprach er: Ich will hingehen und die wundersame Erscheinung besehen, warum der Busch nicht verbrennt. Als aber der Herr sah, daß er hinging, um zu sehen, rief Gott ihn aus dem Busch und sprach: Mose, Mose! Er antwortete: Hier bin ich. Gott sprach: Tritt nicht herzu, zieh deine Schuhe von deinen Füßen; denn der Ort, darauf du stehst, ist heiliges Land. Und er sprach weiter: Ich bin der Gott deines Vaters, der Gott Abrahams, der Gott Isaaks und der Gott Jakobs. Und Mose verhüllte sein Angsicht; denn er fürchtete sich, Gott anzuschauen. Und der Herr sprach: Ich habe das Elend meines Volkes in Ägypten gesehen und ihr Geschrei über ihre Bedränger gehört; ich habe ihre Leiden erkannt. Und ich bin herniedergefahren, daß ich sie errettete aus der Ägypter Hand und sie herausführe aus diesem Lande in ein gutes und weites Land, in ein Land, darin Milch und Honig fließt, in das Gebiet der Kanaaniter, Hethiter, Amoriter, Perisiter, Hewiter und Jebusiter. Weil nun das Geschrei der Kinder Israel vor mich gekommen ist und ich dazu ihre Not gesehen habe, wie die Ägypter sie bedrängen, so geh nun hin, ich will dich zum Pharao senden, damit du mein Volk, die Kinder Israel, aus Ägypten führst. Mose sprach zu Gott: Siehe, wenn ich zu den Kindern Israel komme und spreche zu ihnen: Der Gott eurer Väter hat mich zu euch gesandt! und sie mir sagen werden: Wie ist sein Name?, was soll ich ihnen sagen? Gott sprach zu Mose: Ich werde sein, der ich sein werde. Und sprach: So sollst du zu den Kindern Israel sagen: »Ich werde sein«, der hat mich zu euch gesandt« (2. Mose 3,1–10. 13–14).

1. Versklavung in unserer Zeit

Es gibt etwas in unserem Volk, das geradezu unheimlich ist. Man kann darüber keine Witze mehr machen oder einfach die Achsel zucken. Man kann auch nicht einfach die Augen davor schließen. Man erschrickt, wenn man es zur Kenntnis nimmt!

Ich wäre wohl nie darauf gekommen, wäre ich nicht viel in unserem Land unterwegs gewesen: von Flensburg bis Friedrichshafen, von Aachen bis Westberlin. Erst fand ich es nur interessant, dann fing ich an, darüber nachzudenken – dann wußte ich, daß das unheimlich ist.

Auf vielen Reisen habe ich das Evangelium verkündigt – in Kinos, in Festhallen, in Turnhallen, in Kirchen, in Gemeindehäusern. Es kamen viele, es kamen wenige. Menschen aus der Großstadt. Menschen vom Lande. Hinterher, in der Diskussion, kamen Fragen, es kamen Angriffe, zynische und freundliche, gemein hervorgepreßt oder taktvoll formuliert.

Und in eben diesen Diskussionen und Gesprächen trat etwas zutage, was ich wirklich nur als »unheimlich« bezeichnen kann: Die Fragen – das waren immer dieselben. Die Angriffe – das waren immer dieselben. Die Meinung der Leute – es war immer dieselbe.

»Meine Meinung ist . . .« rief der junge Angestellte aus Friedrichshafen, und dann kam die Meinung.

»Verzeihen Sie«, sagte ich, »das ist gar nicht *Ihre* Meinung. Ich bin ihr gerade in der letzten Woche in Flensburg dreimal begegnet. Sie lesen regelmäßig den ›Spiegel‹, nicht wahr?« Er nickte. »Sehen Sie – die jungen Männer in Flensburg auch. Ihre Meinung? – Sie haben gar keine. Sie vertreten nur die Meinung der Masse.«

Die Meinung der Masse unseres Volkes – das ist eine Illustrierten-, Funk- und Fernsehmeinung. Und sie wird von allen geteilt. Sie ist sehr dünn, und darum fließt sie in jeden Winkel der Provinz. Sie sickert überall ein.

Unsere Städte sind überzogen – um ein anderes Bild zu gebrauchen – mit dem dichten Netz einer ferngesteuerten Meinung. Kaum einem gelingt es, durch die Maschen zu schlüpfen.

Meinen Sie, Sie seien die große Ausnahme?

Machen Sie sich nichts vor. Sie zappeln vielleicht längst im Netz. Ein gefangener, armer Fisch. Wissen Sie, was das heißt? Im Eigentlichen leben wir nicht, wir werden gelebt. Im Eigentlichen steuern wir nicht, wir werden gesteuert. Im Eigentlichen handeln wir nicht, wir werden behandelt. Wir werden heimlich terrorisiert und beugen uns dem Druck – oft ohne es zu merken. Wir leben in einer Diktatur, in einer modernen Sklaverei: Die eigene Persönlichkeit wird ausgehöhlt. Übrig bleibt brüchige Schale, aufgefüllt mit dem trüben Wässerchen bundesdeutscher 08/15-Meinung.

Und das Unheimliche daran: Wir haben den Terror lieben gelernt. Die Diktatur der Meinungsmacher ist uns angenehm. Wir fressen ihnen aus der Hand – alles, was sie geben. Eine Generation, die in solcher Sklaverei aufgewachsen ist, entwickelt darin geradezu Heimatgefühle. 70 Millionen einzelne Menschen werden durch den ständigen Druck der Manipulation zur Masse umgeformt.

Die Kollektivseele entsteht – flach – beliebig lenkbar – dumpf und stumpf. »Das Individuum ist nicht mehr es selbst, es ist ein willenloser Automat geworden«, sagt ein bekannter Psychologe unseres Jahrhunderts.*

Geliebter Terror. Geliebte moderne Sklaverei. Wehe dem, der uns hier stört. Er wird als Feind empfunden. Wer die Sklaverei lieb gewann, hat Angst, wenn er die Signale der Freiheit vernimmt. Ja, es gibt so etwas wie Liebe zur Unfreiheit, zur Slaverei!

Auch Israel lebt in der Sklaverei.

Das ist ja die Voraussetzung unseres vorangestellten Bibelwortes. Das ist kein Leben mehr, das sie in Ägypten führen. Die werden gnadenlos terrorisiert, unterdrückt und manipuliert. Die Freiheit ist längst dahin. Man lebt nicht mehr. Man wird gelebt. Man handelt nicht mehr. Man wird behandelt: Grausam, hart und ohne Gnade. Israel – Gottes Volk in ägyptischer Sklaverei.

Aber da ist ein Unterschied zu unserer Zeit: Sie empfinden die

* Le Bon. Zitiert in S. Freud »Massenpsychologie« Fischer-B. 851,15

Unterdrückung noch! Sie haben in der Sklaverei kein Heimatgefühl entwickelt. Sie schreien! »Und die Kinder Israels seufzten über die Sklaverei und schrieen, und ihr Schreien über ihre Sklaverei kam vor Gott« (2. Mose 1,23 b).

»Geschrei haben wir genug in unseren Tagen«, denken viele, vor allem die Älteren. Und dann folgt unweigerlich der Hinweis auf schreiende Horden von Studenten und die aufsässige »Jugend von heute«.

Man mag über die rebellierenden und demonstrierenden Studenten der sechziger Jahre denken, was man will – eines zeichnete sie doch zunächst einmal vor allen anderen aus: Sie waren nicht einfach abgestumpft. Sie empfanden die heimliche Manipulation und seelentötende Versklavung und lehnten sich dagegen auf.

Sie wandten Gewalt an – auf eigene Faust.

Darin glichen (und gleichen) sie dem jungen Mose. Von ihm heißt es: »Zu den Zeiten, als Moses groß geworden war, ging er hinaus zu seinen Brüdern und sah ihre Sklaverei. Da wurde er gewahr, daß ein Ägypter einen seiner Brüder, einen Hebräer also, schlug. Mose blickte um sich. Und als er sah, daß kein Mensch in der Nähe war, erschlug er den Ägypter, und scharrte ihn in den Sand« (2. Mose 2,11 ff).

Er wandte Gewalt an – auf eigene Faust. In wessen Namen tat er das? Im Namen seiner Brüder? Nein, die distanzierten sich davon. In wessen Namen dann? Er tat es im Namen der Verzweiflung und ohnmächtiger Wut, die plötzlich des gleichen Verbrechens schuldig wird, gegen das sie kämpft. *Dieser* Mose ändert nichts. Er macht alles nur noch schlimmer. Er fügt Unrecht zu Unrecht. Sein Handeln ist verständlich, aber nicht richtig.

Doch wie kann man sich dann vom Terror befreien?

2. Die Segenslinie

»Israel aber schrie zu Gott!« Die beten. Das kann doch nicht helfen – oder? Dadurch entrinnt man doch nicht der Sklaverei!

»Israel aber schrie zu Gott!« Ist das nicht zum Lachen? Natürlich – wer die Geheimnisse des Glaubens nicht kennt, der kann darüber nur lachen. Wer die Geheimnisse Gottes nicht kennt, der kann sie nicht ernstnehmen.

»Israel aber schrie zu Gott!« Ich sehe die alten Männer und Frauen Israels. Sie sagen nicht viel – aber sie beten zu Gott. Damit tun sie mehr als die Jungen, die vielleicht Pläne schmieden – und doch ihre Rechnung ohne den Wirt machen. Die eigentlichen Revolutionäre in Israel, das waren die Beter! Die eigentlichen Revolutionäre in unserem Volk, in unseren Städten, in unseren Gemeinden, das sind die Beter. Gibt es Beter in unseren Gemeinden? *Das* sind die Menschen, die ewige Wirkungen auslösen.

Vielleicht haben Sie eine Großmutter, die betet. Vielleicht lächeln Sie etwas mitleidig über die schlichte alte Frau. Täuschen Sie sich nicht! Ihr Beten hebt sie aus allem heraus – vor allem aus der Meinung der Masse. Die Masse betet nicht. Sie folgt dumpf und stumpf ihren Verführern. Eine betende Großmutter ist hundert kalt funktionierenden Managern turmhoch überlegen. Beter wenden sich an die Stelle, vor die man nur treten kann, wenn man aus der Masse heraustritt. Beter stehen mit ihrem Leben vor der *höchsten* Instanz: Vor Gott! Das schmiedet sie zu geistlichen Persönlichkeiten, die nicht in der Masse untergehen.

Darf ich es Ihnen ganz persönlich sagen: Hören Sie nicht auf zu beten! Das ist die Segenslinie, auf der das Heil durch die Zeiten läuft. In dem Maße, wie wir beten, werden unsere Mitmenschen gesegnet sein! Das Ende der Sklaverei und die große Befreiung der Kinder Israels beginnt damit, daß da Beter waren:

»Und Gott erhörte ihr Wehklagen, und gedachte an seinen Bund mit Abraham, Isaak und Jakob; und er sah darein und nahm sich ihrer an« (2. Mose 2, 24 u. 25).

Und nun werden wir an die Hand genommen und in die Wüste geführt, um zu sehen, *wie* Gott das tut, *wie* Gott sich ihrer annimmt. Und ich glaube: Unser will er sich auch annehmen. Wie geschah es einst – und wie geschieht es heute, daß das Volk Gottes nicht hoffnungslos versklavt bleibt?

Es ist nicht unser Schicksal, unterzugehen in der Masse, um nie mehr aufzutauchen. Ich glaube, daß es das gibt: Ausbruch aus dem Meinungsterror und der Sklaverei unserer Zeit. Ich glaube, wir haben eine große Chance! Auch wenn es zunächst gar nicht danach aussieht.

3. Wo der Dornbusch brennt

»Mose aber hütete die Schafe Jethros, seines Schwiegervaters . . .« (2. Mose 3,1).

Nanu! Was ist denn das? Was ist da übriggeblieben von dem jungen Hebräer, der den Ägypter erschlug? Ein etablierter Mensch ist er geworden, unser Mose. Nichts mehr von Sturm und Drang der jungen Jahre ist in ihm. Er, der vielleicht große Gedanken hatte, große Pläne mit sich selbst, der glaubte, auf eigene Faust dem Terror der Ägypter begegnen zu müssen, er, der die Welt verändern wollte – er hat sich nun selber sehr verändert.

»Mose aber hütete die Schafe!«

Am liebsten möchte ich mich neben ihn setzen und mich mit ihm unterhalten: »Mose, du hier? In der Steppe – und bei den Schafen?«

»Na, und? Irgendwie muß man sein Geld doch verdienen.«

»Ja, aber du wolltest doch – denk an deine Brüder – was ist mit deinem Volk?«

»Laß mich zufrieden. Da kann man eben nichts machen. Und überhaupt – stör mich nicht bei meiner Arbeit. Hau ab!«

Ich habe verstanden und erhebe mich wieder.

»Mose aber hütete die Schafe.« Die Bürgerlichkeit seiner Zeit hat ihn fest im Griff. Ich drehe mich noch einmal zu ihm um: »Mose, da kommt also nichts mehr. Wer so etabliert ist wie du, der kommt da nicht mehr heraus. Mose, du hütest die Schafe, während unten am Nil die Not zum Himmel schreit – und so viel zu tun wäre. Aber, wer so etabliert ist, der kommt da nicht mehr heraus.«

Ich denke an viele junge Leute, was hatten die für Ideale. Alles wollten sie werden, nur nicht so spießbürgerlich wie ihre Eltern.

Mit heißen Augen haben sie es mir gesagt. Und dann? Dann hat sie die Automatik unserer Gesellschaft aufgeschluckt. Sie kamen in die Sortiermaschinerie, bis sie endgültig ihren festen Platz gefunden hatten und noch spießbürgerlicher wurden, als ihre Eltern es waren.

Gibt es keine Chance, aus der Masse herauszubrechen? Bleibt am Ende nur die Resignation und das üble Gefühl, ein genormter Bürger zu sein in einer ferngesteuerten Gesellschaft? Nun, wenn wir der Menge, der Diktatur des »man« entfliehen wollen, darf uns nichts geringeres widerfahren, als es Mose widerfuhr:

»Und der Engel des Herrn erschien ihm in einer feurigen Flamme auf dem Dornbusch. Und er sah, daß der Busch im Feuer brannte und doch nicht verzehrt wurde. Da sprach er: Ich will hingehen und die wundersame Erscheinung besehen, warum der Busch nicht verbrennt. Als aber der Herr sah, daß er hinging, um zu sehen, rief Gott ihn aus dem Busch und sprach: ›Mose, Mose!‹ Er antwortete: ›Hier bin ich.‹«

Nichts Geringeres dürfte uns heute widerfahren, als die Begegnung mit dem lebendigen Gott! Unter der Anrede Gottes wandelt sich alles. Hier ereignet sich, was einen Menschen erst zum Menschen macht. Gott spricht Moses mit Namen an. Das erinnert an das wunderbare Wort aus Jesaja 43,1: »Fürchte dich nicht, *ich habe dich bei deinem Namen gerufen,* Du bist mein.« Ein Mensch wird von Gott bei seinem Namen gerufen. Da ist das genormte Massendasein zu Ende – das ist so bis auf den heutigen Tag.

Ja, wenn es *das* gäbe, daß irgendwo ein Dornbusch brennt und wir Visionen hätten und Gott so zu uns spräche! Darauf wären wir angewiesen – aber *das* ereignet sich ja nicht.

Ganz sicher, wir sind darauf angewiesen, daß Gott redet, um uns herauszuführen aus unserer Versklavung. Möchten Sie wissen, wo der Dornbusch brennt? So heiß, daß Ihnen der Atem verginge, wenn Ihnen alle Glut entgegenschlüge?

Wissen Sie, wo und wie Sie bei Ihrem Namen gerufen werden – heute? Wissen Sie, daß die Anrede Gottes zu keiner Zeit wirklich verstummt?

Nehmen Sie die Bibel in die Hand, schlagen Sie sie auf und lesen Sie! Das ist der Ort, wo der Dornbusch brennt!

Vielleicht fühlen Sie sich jetzt auf den Arm genommen und denken: »Die Bibel – das ist doch leicht übertrieben.« Sie irren. Hier – so ist es beschlossen – wird Gott zu Ihnen reden. In diesem Buch hören Sie ihn – oder Sie hören ihn nie.

Ich kenne ganz junge Menschen, die man nicht in die genormte Masse einordnen kann. Was ist ihr Geheimnis? Sie lesen die Bibel.

Ich kenne Menschen mittleren Alters und hohen Alters, die aus der Menge herausragen. Was ist ihr Geheimnis? Sie lesen die Bibel. In unserer Kirche ist es so heiß oder so kalt wie wir Umgang haben mit dem Worte Gottes. In unserer Kirche ist es so tot oder lebendig wie wir Umgang haben mit dem Worte Gottes. Der Hauch allen Lebens weht uns hier entgegen, oder wir spüren das Leben nie.

»Aber wir haben doch den Gottesdienst«, wenden viele ein. »Wozu noch Umgang mit der Bibel?« Der Christ, der geistlich allein vom Gottesdienst lebt, lebt unter dem geistlichen Existenzminimum.

Das macht unsere Kirche kaputt, daß wir geistlich so anspruchslos sind. Wer die Quelle verschmäht, muß aus trüben Pfützen trinken. Getrunken wird – so oder so. Denn Durst, Sehnsucht, haben wir alle. Kilometerhohe Berge an Papier werden verschrieben, meilenlanges Filmmaterial verbraucht; Abend für Abend flimmert es über die Mattscheibe, und wir konsumieren. Aber aufs Ganze gesehen, aus der Sicht der Ewigkeit betrachtet: alles Makulatur. Es wandert alles in den Papierkorb der Weltgeschichte. Es hilft uns zum Leben nicht, es hilft uns zum Sterben nicht, und zum Seligwerden hilft es uns auch nicht. Aber wir stürzen uns darauf, als wäre es wer weiß etwas.

Warum verschwenden wir eigentlich *so viel* Zeit mit den dümmsten Dingen? Warum? Daß die Welt so lebt, kann ich ja noch begreifen. Aber daß Christen so leben, ist eine Katastrophe.

Ich kenne Christen, die in den dümmsten Illustrierten jeden Quatsch lesen. Aber die Weisungen Gottes in der Heiligen Schrift interessieren sie gar nicht. Ich kenne Christen, die lesen monatelang jeden Tag die Zeitung. Dagegen ist nichts einzuwenden; das ist eine gute Sache. Aber dieselben Christen lesen monatelang kein einziges Mal in der Bibel. Das ist der Untergang unserer Kirchengemeinden, daß man zwar über alle Tagesereignisse bestens informiert ist, aber die Weisungen der Ewigkeit einfach ignoriert.

Wir betrügen uns um das Gold der Ewigkeit, um die Glut der Wahrheit, um die Tiefe des Lebens, wenn wir so weitermachen. Die Weisungen Gottes für unser Leben finden wir nicht in der Zeitung. Die finden wir in dem Buch, das man den Liebesbrief Gottes an diese Welt und seine Gemeinde genannt hat. Eine komische Braut, die keine Liebesbriefe mehr liest! Mit deren Liebe muß doch irgend etwas nicht stimmen.

Nichts Geringeres darf uns widerfahren als die Begegnung mit dem lebendigen Gott. Menschen, die sich zusammensetzen und die Bibel öffnen – lesen – nachdenken – umdenken – umkehren – dem Herrn folgen – nachfolgen, sie erleben bis heute, daß der Dornbusch brennt. Alle Umkehr, alle Befreiung, alles Leben geht vom Worte Gottes aus, und das vernehmen wir an allererster Stelle durch die Bibel.

Und Gott sprach: »Ich bin der Gott, mit dem deine Väter viel erlebt haben. Ich bin der Gott, mit dem du viel erleben wirst. Ich will dich zum Pharao senden, damit du mein Volk aus Ägypten führst.«

Das ist die Befreiung, die durch die Begegnung mit Gott beginnt. Genauso ist es geschehen, und genauso geschieht es heute noch! Ich habe manche junge Menschen gesehen, die in Kontakt mit dem Worte Gottes kamen. Sie kehrten um und wurden Christen. Von etlichen weiß ich, daß sie z. B. für ihre eigenen Eltern so etwas wie ein Mose wurden. Gott benutzte sie, um den eigenen Vater, die eigene Mutter aus der Gefangenschaft des Unglaubens herauszuführen in die Freiheit der Kinder Gottes!

Mose hat noch ein Problem:

»Mose sprach zu Gott: Siehe, wenn ich zu den Kindern Israel

komme und spreche zu ihnen: Der Gott eurer Väter hat mich zu euch gesandt! und sie mir sagen werden: Wie ist sein Name? Was soll ich ihnen sagen? Gott sprach zu Mose: Ich werde sein, der ich sein werde. Und sprach: So sollst du zu den Kindern Israel sagen: ›Ich werde sein‹, der hat mich zu euch gesandt« (2. Mose 3, 13–14).

Wer den Namen Gottes weiß, der kennt Gott genauer, der weiß wie er ist und wie er es mit uns meint.

Es geht hier darum, daß Israel seinen Gott kennen und nennen lernt.

»Ich werde sein« – das ist der Name Gottes. Jahwe! »Ich werde da sein. Ich werde für euch da sein.«

Das ist der Name Gottes, mit dem der alte Bund steht und fällt. Aber Gott wird noch einen anderen Namen annehmen, den Namen, von dem es heißt, daß er über alle Namen ist: *Jesus Christus!* Wer diesen Namen kennt – nicht im Kopf, sondern in der Tiefe seines Menschseins – wer diesen Namen kennt, schaut Gott mitten ins Herz.

Das »Ich werde für euch da sein« bekommt durch ihn einen ganz neuen Glanz. Er holt uns nicht nur aus der Existenz einer seelenlosen Masse. Er holt uns aus ewiger Verlorenheit heraus. »Wer den Namen dieses Herrn anrufen wird, der wird errettet werden!« So haben es später die Jünger Jesu gesagt. Und sie haben sich aufgemacht, die Menschen aus ihrer Nacht herauszuführen. Sie haben sich aufgemacht, die Menschen für Jesus Christus zu erobern. In diesem Namen ist nun alles beschlossen.

Darum warten Sie nicht auf Visionen! Gott will sich nur noch in diesem Namen finden lassen. Gott will sich nur noch in diesem Namen erfahren lassen. Gott will sich nur noch in diesem Namen hören lassen. Gott will sich nur noch in diesem Namen sehen lassen.

Den Namen Jesus Christus aber finden Sie, erfahren Sie, hören Sie, sehen Sie im Worte Gottes, in der Bibel!

Das ist der Dornbusch, der für uns brennt.

Wer sich ihm zuwendet, der wird hören, daß Gott spricht. Und wenn Gott spricht, so geht es um den einen Namen: Jesus Christus.

4. Unser Umgang mit der Bibel

Wir dürfen auf die Begegnung mit Gott und seinem Wort nicht verzichten. Aber übertreibe ich, wenn ich die Heilige Schrift mit dem brennenden Busch vergleiche?

Der brennende Busch war zunächst ein Gewächs wie jedes andere. Ähnlich ist es mit der Bibel. Zunächst habe ich ein Buch in der Hand, äußerlich ein Buch wie jedes andere.

Gott aber hat es gefallen, aus dem Busch in der Wüste zu reden. Dadurch wurde dieser aus allen anderen Büschen unserer Welt herausgehoben. Ebenso hat es Gott gefallen, uns Menschen durch die Bibel anzusprechen. Dadurch bekommt dieses Buch eine hervorragende Stellung unter allen anderen Büchern dieser Welt.

Gott hat sein Reden nicht an den brennenden Busch gebunden. Er war nur *einmal* der Ort, wo eine Gottesbegegnung, ein Rendezvous mit Gott, stattfinden sollte. Hier nun ist über die Bibel entscheidend mehr zu sagen. Gott redet bis heute durch dieses Buch der Bücher. Zeugen dafür, daß es so ist, gibt es in Fülle. Wenn Gott will, dann wird sein Reden in der Bibel so eindeutig, so klar, daß es ein Menschenleben in unserer Zeit total verändert. Die Bibel ist nun einmal der »Ort«, an dem es immer wieder zu Gottesbegegnungen kommt. Wer sich hier einfindet mit dem aufrichtigen Gebet: »Herr, rede, dein Knecht hört«, der wird die Stimme Gottes vernehmen.

Gott redet auch durch die Predigt oder durch vom heiligen Geist geleitete Gespräche. Alles menschliche Reden über Gott muß aber seinen Grund in der Heiligen Schrift haben. Dann nur wandelt Gott unsere Worte um in *sein* Wort.

Christsein ist ohne die Bibel nicht denkbar, weil die Kirche Jesu Christi ohne Bibel nicht denkbar ist. Wer meint, auf das Lesen der Bibel verzichten zu können, der sollte sich ehrlicherweise nicht für einen lebendigen Christen halten. Da ist der Glaube krank geworden, sterbenskrank. Wenn jemand krank ist und darunter leidet, dann kann ihm wohl noch geholfen werden. Wer aber seine Krankheit für Gesundheit erklärt, dem ist nicht zu helfen. Er braucht ja nach eigener Überzeugung keine »Besserung«. Leider wird heute sogar von manchen Theologen die »schwindsüchtige« Glaubenskrankheit für gesund erklärt. Sie halten es für ein Glück, daß die »Sitte des Bibellesens« doch nun überholt sei. Einer überholten Sitte wollen wir wahrhaftig nicht verpflichtet sein. Aber Christen, die im lebendigen Glauben stehen, wissen, daß sie ohne regelmäßiges Bibellesen auf elementare geistliche Kost verzichten. Nur Tote haben keinen Hunger. Nur Kranke haben keinen Appetit. Gesunder, lebendiger Glaube verlangt nach dem »Brot des Lebens«. Dieses Brot finden wir auch und gerade in der Heiligen Schrift, weil wir darin Jesus Christus finden.

Wenn wir die Bibel lesen, dann werden wir natürlich kaum solch ein erregendes und umstürzendes Erlebnis haben wie Mose am brennenden Busch. Der Umbruch, die Veränderung, zeigte sich bei ihm direkt an. Wir spüren das alles nicht so unmittelbar, wenn wir die Bibel lesen. Dennoch ereignet sich genau dasselbe. Menschen, die täglich aus der Bibel ihre Kraft und Weisung empfangen, werden mit den Jahren eine Wandlung erfahren. Sie werden zu Segensmenschen verwandelt. Gott arbeitet an ihnen. Die Nähe seines Wortes läßt niemanden unverändert. Gottes Wort *zielt* ja gerade auf Veränderung. Es will gehört – und getan werden. Darum geht es beim Bibellesen.

Das Lesen der Bibel allein nützt nichts, wenn wir dem Wort nicht gehorchen. Aber wie will ich gehorchen, wenn ich nicht höre? Die Weisungen der Bibel wollen praktiziert werden. Darum sind sie geschrieben.

Bibellesen ist eine Weise des Hörens. Das Hören soll zum Gehorsam führen. Gehorsam aber ist Tat, Vollzug, gelebtes Leben nach der Weisung Gottes. Bibellesen meint also kein theoretisches Aneignen von theologischen Wahrheiten, obwohl das nebenbei auch abfällt. Glauben kann man nie theoretisch lernen. Er muß praktisch eingeübt werden. Jesus war kein Theoretiker. Er hat keine theologische Theorie entwickelt. Er hat die Verbindung mit dem Vater *gelebt*. Das war sichtbar. Seine Jünger zog er in eine sichtbare Gemeinschaft mit sich selbst. Ihre Glaubensgemeinschaft bestand also nicht in dem geistigen Sinne, daß sie sich »innerlich sehr verbunden waren«. Sie bestand leiblich. Glaube ist nur Glaube, wenn er gelebt wird, und nicht, wenn man nur darüber redet oder nachdenkt. Hinter die Geheimnisse der christlichen Wahrheit kommt man nicht durch Denken. Man muß nach der christlichen Wahrheit leben, dann kommt man auch hinter ihre Geheimnisse. »So jemand will Gottes Willen *tun*, der wird innewerden, ob diese Lehre von Gott sei, oder ob ich von mir selber rede«, sagt Jesus (Johannes 7,17). Hier ist nicht einfach vom Tun die Rede, sondern vom *Tun des Willens Gottes*. Es gibt auch eine Flucht vor dem Gehorsam in selbstgewählte Aktivität, in fromme Betriebsamkeit hinein. Darum lesen wir ja die Bibel, damit wir *seinen* Willen besser kennenlernen und nicht dauernd unseren Willen für den seinen halten.

Wie können wir die Bibel lesen?

Wir sollten uns daran machen, die Bibel zu lesen wie jedes andere Buch: Wir lesen sie von vorne bis hinten Seite für Seite durch. Es ist gut, biblische Dinge im Zusammenhang kennenzulernen. Darüber hinaus sollten wir uns besonders dem Neuen Testament zuwenden. Viele Christen lesen täglich einen Abschnitt aus dem Neuen Testament. Von besonderem Interesse werden für uns die Evangelien sein. Sie beschreiben das Leben und Reden des Sohnes Gottes. Kein menschliches Leben auf dieser Erde ist für uns so aufregend und interessant wie das Leben unseres Herrn. Vielleicht können wir es einrichten, jeden Tag ein Kapitel aus dem Neuen Testament zu lesen. Besonders hilfreich ist es, wenn man sich mit der Zeit die Inhalte der einzelnen Kapitel im Neuen Testament einprägt. Je besser wir die Bibel verstehen, um so lieber und wertvoller wird sie uns. Wer einmal erkannt hat, wie schön, wie tief, aber auch wie aktuell das Wort Gottes in der Bibel ist, der wird es nicht mehr missen wollen. Was wirklich interessiert, wird auch nicht so schnell vergessen.

Bibelleser sind wie Arbeiter in einem Goldbergwerk. Es ist nicht immer leicht, an die Goldader heranzukommen. Es macht Mühe und Arbeit. Bibelleser aber haben die Verheißung: daß sie »fündig« werden. Der Schatz, der im Worte Gottes zu heben ist, wiegt alles Gold dieser Welt auf. Lies die Bibel!

VIII. Vom Fallen und Wiederaufstehen

1. Vom Leid der Sünde

Als kleiner Junge lebte ich in Berlin. Meine Tage verbrachte ich in einem Kinderheim, in dem alles furchtbar streng und ordentlich zuging. Es war Krieg. Deutschlands Hauptstadt litt unter ständigen Bombenangriffen. Einmal wurde ich mit vielen anderen Kindern für acht Wochen aufs Land geschickt: »Kinderlandverschikkung« nannte man das. Ich geriet auf einen Bauernhof nach Westpreußen.

Haben Sie einmal einen wilden Hengst gesehen, der im Stall gefangen ist und immer Hafer bekommt? Der bebt bald vor Energie. »Ihn sticht der Hafer«, pflegt man da zu sagen. Wenn solch ein Pferd freigelassen wird, rennt es alles um.

Ähnlich erging es mir. Berlin war für mich ein Stall, in dem ich an der Kette lag. Dazu kam das sittenstrenge Kinderheim. Ich durfte nichts. Ich durfte mich nicht schmutzig machen, durfte nicht in der Nase bohren, durfte mich nicht prügeln oder schöne unanständige Worte sagen. Es ist furchtbar, wenn ein kleiner Junge so etwas alles nicht darf.

Plötzlich aber fielen die Ketten ab. Ich wurde losgelassen auf eine friedliche Landbevölkerung: Ein Bauernhof! Keiner paßte auf mich auf. Ich durfte in der Nase bohren bis ins Gehirn – und keiner fiel in Ohnmacht. Das war schon eine tolle Sache. Ich platzte vor Energie. Nach drei Tagen hatte ich meinen Spitznamen weg. Man nannte mich das kleine Ungeheuer von Berlin. Ich war außer Rand und Band.

In der großen Scheune auf dem Hof stand eine riesengroße Dreschmaschine, die sich vor mir auftürmte wie ein hoher Berg, der unbedingt erklommen werden wollte. Sie hatte eine lange Holzrutsche. Darauf wurde wohl das Getreide in die Maschine geschoben. Das Holz war wunderbar glatt, und ich hatte unversehens eine herrliche Rutschbahn. Immer wieder kletterte ich auf die

Dreschmaschine. Dann rutschte ich, quiekend vor Vergnügen, die Holzrutsche hinunter. Kurz vor dem Eingang in die Maschine stoppte ich die Fahrt ab.

Plötzlich überraschte mich der Bauer. Er war ein netter, freundlicher Mann. Diesmal aber sagte er zum allerersten mal: »Das darfst du nicht!« Traurig verließ ich die Scheune, allerdings in der unbestimmten Gewißheit, nicht zum letzten Mal gerutscht zu sein.

Tage vergingen. Irgendwann rückte die ganze Hofmannschaft aus auf den Acker. Das Wetter war schön. Die Sonne schüttete ihr helles Licht auf Böse und Gute, auf Gerechte und Ungerechte. Ich selbst brauchte nicht mit aufs Feld zu gehen. Als fleißiges Kind hatte ich mich ohnehin nicht erwiesen. So etwas wie ich konnte nur störend wirken, wo Gerechte emsig und fleißig ihr Tagewerk verrichteten. Also blieb ich zurück.

Wer will heute noch wissen, wie es kam? Jedenfalls stand ich plötzlich wieder in der Scheune. Eine Dreschmaschine lachte mich an. Eine gelbe Holzrutsche winkte mir zu. Mochte da widerstehen, wer konnte und wollte. Ich konnte und wollte es nicht.

Und wieder rutschte ein kleiner Junge eine, wie es schien, eigens für ihn aufgestellte »Rutschbahn« hinunter. Wurde das Holz glatter oder wurde es mein Hosenboden? Es ging jedenfalls immer besser, immer schneller. Da kam ich auf die Idee, mit dem Kopf nach unten zu rutschen. Ich legte mich oben auf das äußerste Ende der Rutsche, ließ mich los und sauste mit dem Kopf zuerst auf den Eingang der Maschine zu. Im rechten Augenblick stoppte ich die Fahrt mit den Händen. Herrlich! Das war noch schöner, noch aufregender, noch mutiger.

Der Krug geht bekanntlich solange zum Brunnen, bis er bricht. Als er damals in jener Scheune brach, hatte ich schon viele verwegene Rutschpartien hinter mir. Dann aber klappte das Bremsmanöver nicht – und ich rauschte mit dem Kopf in die Maschine. Irgendwie war ich noch hineingekommen, aber irgendwie kam ich nicht mehr heraus. Ich zitterte und zappelte, aber ich kam nicht los. Ich fing an zu rufen, aber niemand hörte mich. Ich fing an zu schreien – ohne Erfolg. Mir wurde heiß, und ich litt plötzlich an Atemnot. Ich rief und rief, aber niemand kam. Ich saß mit dem Kopf in einer Klemme, die nicht daran dachte, mich ohne weiteres wieder freizugeben.

Damals habe ich das erste Mal in meinem Kinderleben gespürt, was es bedeutet in Not zu sein, verzweifelt zu sein und niemanden zu haben, der einem heraushilft. Ich war durch meinen Ungehorsam in eine schlimme Lage geraten und kam aus eigener Kraft nicht mehr heraus.

Wieviele Menschen – auch Christen – gibt es, die durch Ungehorsam in große Nöte gekommen sind. Sie haben den Verlockungen zur Sünde nicht widerstanden, und nun bekommen sie das Elend und das Leid der Sünde bitter zu spüren. Da ist man verzweifelt, aber niemand ahnt das, niemand weiß das, niemand sieht das.

Es gibt ein Leiden unter uns, von dem redet man nicht in den Salons oder auf dem Sportplatz, in den Familien oder auf der Straße. Man trägt dieses Leid stumm mit sich herum und hütet es wie ein Geheimnis. Dieses Leid wird verdrängt und behandelt, als gäbe es das nicht. Und doch wird an diesem Leid unendlich gelitten. Es ist das Leid, das über uns Menschen kommt, wenn wir heimliche Schuld auf uns geladen haben.

Man möchte vor sich selbst davonlaufen und kann es doch nicht. Man möchte an seine Schuld nicht denken, und doch begleitet sie uns wie ein Schatten auf Schritt und Tritt. Man möchte die Dinge beschönigen, sich einreden, es sei vielleicht doch nicht so schlimm. Und doch weiß die Seele: Die Schuld hat mich fest im Griff. Sie kann Menschen bis ins Körperliche hinein krank machen.

Während einer Gemeindewoche kam einmal eine Frau zu mir, um eine Beichte abzulegen. Sie begann mit den erschütternden Worten: »Ich kann seit zwanzig Jahren nicht mehr lachen.« Sie trug ein Geheimnis mit sich herum, das sie zerriß und innerlich sehr einsam machte.

Haben Sie auch ein Geheimnis?

Da bewegen wir uns in unserer Umwelt mit unseren netten Gesichtern, sympathisch und gut gepflegt. Aber ist das unser wahres

Gesicht? Sind wir innen so, wie wir uns nach außen geben? Ist unser Leben nicht vielmehr ein großes Theaterspiel, das wir uns gegenseitig präsentieren müssen, eine gekonnte Maskerade?

Maskerade heißt: Die Gesichter, die da getragen werden, stimmen nicht. Die zur Schau gestellten Züge sind nicht echt. Dahinter verbirgt sich ein ganz anderes Gesicht. Gibt es eigentlich einen Menschen, dessen Gesicht noch stimmt? Haben wir nicht alle längst unser Gesicht verloren, wenn wir unser Leben einmal auf die Gebote und Weisungen des lebendigen Gottes beziehen?

Das macht unser Leben innerlich einsam und krank. Wir müssen dauernd ein Gesicht aufsetzen, das wir längst nicht mehr haben. Wir müssen lächeln, weil der menschliche Takt es verlangt, auch wenn uns zum Heulen zumute ist. Über unseren Mund, mit dem wir lachen, geht oft die Lüge, aber das darf doch keiner wissen. Unsere Augen, die so strahlen können, sind oft voller Gier, aber das darf keiner wissen. Hinter unserer kühn geschwungenen Stirn können sich Abgründe verbergen. Niemand aber darf es wissen.

So wird ein Menschenleben einsam. Viele Menschen leben in der Masse einsam und allein. Die Sünde, die ihnen so viel Freude versprach, hat ihnen alle Freude genommen. Sie sind in tiefes Leid gefallen, aus eigener Schuld. Es hilft den Menschen nicht, wenn man ihnen ihre Schuld kalt und grausam vorwirft. Als ich in der Dreschmaschine eingeklemmt war, hätte es mir nicht geholfen, wenn jemand festgestellt hätte: »Das ist deine eigene Schuld.« Hilfe in Sündennot sieht anders aus.

Sie sah auch in jener Scheune anders aus. Mich muß so etwas ähnliches wie eine Ohnmacht befallen haben. Vielleicht aber bin ich auch nur vor Erschöpfung eingeschlafen. Jedenfalls habe ich da ziemlich lange ohne Bewußtsein gelegen, ein kleines Häuflein Elend, ein verzweifelter stummer Schrei. Dann aber hörte ich, wie aus weiter Ferne Stimmen an mein Ohr drangen. Sie kamen immer näher, wurden lauter und lauter. Man war gekommen, hatte mich gesucht und endlich gefunden. Die leise Stimme, die an mein Ohr drang, kündigte es an. Ich begriff zwar nicht gleich, was sie bedeutete. Sie weckte mich ja erst aus meiner Besinnungslosigkeit. Die leise Stimme bedeutete Rettung, Befreiung aus meiner unglücklichen Lage. Erst als ich ganz wach war, wurde es mir bewußt. Ich war gerettet, und alles war wieder gut.

Wir Menschen stehen angesichts unserer Schuld, die wir mit uns herumtragen, vor einer Frage: Gibt es eine Stimme – die nicht unsere eigene, menschliche ist, sondern eine ganz und gar andere –, gibt es eine Stimme, die unsere Befreiung, unsere Rettung ankündigt? Gibt es diese Stimme des Retters, der an unser Elend herantritt und uns frei macht?

Wer die Bibel kennt, den mutet es an, als würden sich viele ihrer Texte zu eben dieser Stimme verdichten. Ist nicht die Geschichte Gottes mit den Menschen eine Geschichte immer wieder gewährter Vergebung, immer wieder erfolgter Rettung? Was ist das Kommen des Heilandes anderes, als Gottes Wort von unserer wirklichen Errettung!

Ja, es gibt diese Stimme, eindeutig und klar.

Und dabei gilt: Wir werden nicht aus theoretischen oder erdachten Sünden gerettet, sondern aus Sünden, die wir tatsächlich begangen haben. Ich wurde damals nicht aus einer theoretischen Not gedanklich befreit. Ich saß handfest und praktisch in der Klemme und wurde handfest und praktisch errettet.

Wir wollen darum an einem biblischen Kapitel handfester Sünde beobachten, wie Gott Menschen errettet, die schuldig geworden sind. Gottes Wort will nicht Vergangenes heraufbeschwören, wenn es uns die Güte Gottes vor Augen malt. Es möchte uns in unsere Sündennot hinein Gottes Barmherzigkeit verkündigen. Gottes Güte ist alle Morgen neu. Darum sind alte Bibelworte Verkündigung aktueller, gegenwärtiger Barmherzigkeit.

Wir schauen ins Alte Testament und erleben einen Menschen in der Seelsorge Gottes.

2. Ein Mensch in der Seelsorge Gottes

»Und der Herr sandte Nathan zu David. Da der zu ihm kam, sprach er zu ihm: Es waren zwei Männer in einer Stadt, einer reich, der andere arm. Der Reiche hatte sehr viele Schafe und Rinder; aber der Arme hatte nichts denn ein einziges kleines Schäflein, das er gekauft hatte. Und er nährte es, daß es groß ward bei ihm und bei seinen Kindern zugleich; es aß von seinem Bissen, und trank von seinem Becher und schlief in seinem Schoß, und er hielt es wie eine Tochter. Da aber zu dem reichen Mann ein Gast kam, schonte er, zu nehmen von seinen Schafen und Rindern, daß er dem Gast etwas zurichtete, der zu ihm gekommen war, und nahm das Schaf des armen Mannes, und richtete es, zu dem Mann, der zu ihm gekommen war.

Da ergrimmte David mit großem Zorn wider den Mann und sprach zu Nathan: So wahr der Herr lebt, der Mann ist ein Kind des Todes, der das getan hat. Dazu soll er das Schaf vierfältig bezahlen, darum daß er solches getan und nicht geschont hat.

Da sprach Nathan zu David: Du bist der Mann! So spricht der Herr, der Gott Israels: Ich habe dich zum König gesalbt über Israel und habe dich errettet aus der Hand Sauls und habe dir deines Herrn Haus gegeben, dazu seine Weiber in deinen Schoß, und habe dir das Haus Israel und Juda gegeben; und ist das zu wenig, will ich noch dies und das dazutun. Warum hast du denn das Wort des Herrn verachtet, daß du solches Übel vor seinen Augen tatest? Uria, den Hethiter, hast du erschlagen mit dem Schwert; sein Weib hast du dir zum Weib genommen; ihn aber hast du erwürgt mit dem Schwert der Kinder Ammon . . .

Da sprach David zu Nathan: Ich habe gesündigt wider den Herrn. Nathan sprach zu David: So hat auch der Herr deine Sünde weggenommen; du wirst nicht sterben. Aber weil du die Feinde des Herrn hast durch diese Geschichte lästern gemacht, wird der Sohn, der dir geboren ist, des Todes sterben« (2. Samuel 12,1–9.13–14).

David hatte sich in unheimliche Schuld verstrickt. Er hatte die Ehe gebrochen. Um die Frau ganz an sich zu ziehen, hatte er obendrein ihren Mann auf raffinierte Weise töten lassen. Damit war Davids Leben verwirkt. Wir aber erleben, wie Gott dennoch fertig wird mit solcher Schuld.

»Und der Herr sandte Nathan zu David!« Damit beginnt die Geschichte einer grundlosen Barmherzigkeit. Gott greift ein, und so schlicht sieht das aus: Ein gewöhnlicher Mensch steht hier an Gottes Statt. Nathan war ein bescheidener Prophet. Er tritt aber nun in der Vollmacht Gottes auf. Gott hat Menschen eingesetzt. Sie üben Seelsorge, sie sind Handlanger in der Seelsorge Gottes.

Jesus hat einmal zu seinen Jüngern gesagt: »Welchen ihr die Sünden erlasset, denen sind sie erlassen.« Jünger Jesu dürfen Handlanger in der Seelsorge Gottes sein.

Zu dieser Seelsorge lassen sich von unserer Geschichte her drei Dinge sagen:

a) Erkenne die Sünde, denn in der Seelsorge Gottes wird Sünde aufgedeckt und mit Namen genannt.

Als Nathan, der Mann Gottes zu David kam, hatte er zunächst eine Absicht. Er mußte dem König zeigen, wo er eigentlich stand, in welch ein Elend er geraten war. David war offensichtlich wie vernagelt. Er hatte sich in seiner Sünde total verrannt. Ihm, der theoretisch über den Willen Gottes gut im Bilde war, mußten erst die Augen geöffnet werden für die Größe seiner Schuld. Ihm mußte die eigene Situation vor Gott klar werden.

Es ist seltsam, daß man die Sünde als eine allgemeine Finsternis oft lange Zeit gut erträgt. Wenn dann aber das Licht Gottes hineinfällt, dann kommt es zum Erschrecken.

Vor Jahren war ich in einer alten Ruine. Eine Wendeltreppe führte in den Keller. Neugierig stieg ich hinab. Es war stockdunkel. Unten angekommen, glaubte ich Geräusche zu vernehmen. Ich stand auf irgend etwas Weichem. Dennoch war ich nicht weiter beunruhigt. Mein Freund war langsam hinter mir hergestiegen. Er knipste seine Taschenlampe an. Mit einem Aufschrei fuhr ich herum. Ich stand in ekelerregendem Schmutz. Ratten und Ungeziefer huschten hin und her. Es war scheußlich. In der allgemeinen Finsternis war das erträglich gewesen. Den Unrat aber im Lichte zu sehen, hielt ich nicht aus. Ich hatte plötzlich nur einen Gedanken: So schnell wie möglich hinaus! Ich stürmte aus der Finsternis an das befreiende Licht der Sonne.

Ähnliches widerfuhr König David. Das Licht mußte in die Finsternis hinein. Wie behutsam Nathan David dieses Licht anzündet! Er erzählt ihm etwas, eine Geschichte, ein Gleichnis. Er berichtet dem König ein himmelschreiendes Unrecht. Er malt ihm ein Gemälde, als ob ein anderer das getan hätte, was David selbst getan hat. Damit blickt David gewissermaßen von außen auf sein eigenes Bild. Er sieht seine Situation, ohne es zu wissen.

David sieht mit eigenen Augen, wie empörend solch ein Unrecht ist. Und er empört sich sehr: »Da ergrimmte David mit großem Zorn wider den Mann und sprach zu Nathan: ›So wahr der Herr lebt, der Mann ist ein Kind des Todes, der das getan hat!‹«

Ja, David, so sieht das aus! Wenn der reiche Mann die Todesstrafe verdient hat, wie muß erst die deine sein?

Aber David ist noch weit davon entfernt, in der Erzählung des Propheten wie in einem Spiegel seine eigenen Züge zu erkennen. Noch richtet er, klar, gut, empfindlich.

Das ist seit jeher unsere menschliche Art: Wir beurteilen das Tun anderer immer genauer, immer schärfer, als unser eigenes Tun. Für die anderen haben wir das gerechte Urteil, für uns selber die mildernden Umstände.

Ein Satz aber von Gottes Seite läßt das Licht aufflammen und die Schuppen von den Augen fallen: »*Du* bist der Mann!« Ein Satz verweist den Richter auf die Anklagebank. Ein Satz stellt den Verurteilenden auf den Platz des Verurteilten. »Du bist der Mann!« Dieser Satz entlarvt und demaskiert. So verblümt Nathan mit der Seelsorge begann, so unverblümt nennt er jetzt die Sünde mit Namen:

> »Warum hast du denn das Wort des Herrn verachtet, daß du solches Übel vor seinem Auge tatest? Uria, den Hethiter, hast

du erschlagen mit dem Schwert; sein Weib hast du dir zum Weibe genommen; ihn aber hast du erwürgt mit dem Schwert der Kinder Ammon.«

Gott läßt also nicht fünf gerade sein. Er drückt auch nicht ein Auge zu. Er berührt im Gegenteil die wunde Stelle. Will er die Wunde, die die Sünde schlug heilen, so muß er sie auch berühren. In der Seelsorge Gottes wird Sünde entlarvt und mit Namen genannt.

Allerdings geschieht das nicht hart oder lieblos. Es geschieht unendlich werbend und gewinnend. Gott stellt den Sünder vor den ganzen Reichtum seiner Gnade, seiner Liebe, seines Segens: »Ich habe dich zum König gesalbt über Israel und habe dich errettet aus der Hand Sauls. Ich habe dir deines Herrn Haus gegeben, dazu seine Mägde dir zur Verfügung gestellt. Ich habe dir das Haus Israel und Juda gegeben; und wäre das zu wenig, wollte ich noch dies oder das hinzutun.« Ständig heißt es von Gott her: »Ich habe, ich habe, ich habe, ich habe . . .« Das heißt doch: Ich habe dich unendlich lieb gehabt an jedem Tag. Ich habe an dich gedacht. Ich habe mich um dich gesorgt. »Ich habe dich je und je geliebt. Ich habe dich bei deinem Namen gerufen. Du bist mein!« Die Güte Gottes ist der Ausgangspunkt der göttlichen Seelsorge. So wird in der Seelsorge Gottes die Sünde entlarvt und mit Namen genannt.

b) Bekenne die Sünde, denn in der Seelsorge Gottes wird klares Bekennen der Sünde verlangt.

»Da sprach David zu Nathan: ›Ich habe gegen den Herrn gesündigt!‹«

Nur die Güte Gottes ist es, die einen Menschen zur Umkehr leitet. Allein die Sonne ist in der Lage, einen gefrorenen See wieder aufzutauen. Gott selbst schafft die Voraussetzung, daß ein Mensch sich wieder zu ihm kehren kann. Gott selbst lockt uns aus der Finsternis heraus, indem er uns liebt. Dennoch ist es und bleibt es schwer zu sagen: »Ich habe gegen den Herrn gesündigt.«

Damit unterschreibt der Mensch das Dokument seiner ihm vorgehaltenen Schuld. Hier ist keine tote Rezitation. Hier ist keine

Phrase. Hier ist tiefste Demütigung. Was geschieht, indem David seine Sünde bekennt?

Ein ehemals stolzer König geht gewissermaßen vor Gott auf die Bretter, um sich auszählen zu lassen. Dem schlichten Mann Gottes gesteht er alles ein, weil er begreift: Ich stehe hier vor Gott selbst. David war ein Held geworden. Er war ein Star in seinem Volk. Er war in jeder Beziehung sehr reich geworden. Jetzt jedoch erklärt er seinen völligen Bankrott.

Das heißt Bekennen in der Seelsorge bis auf den heutigen Tag: Ein König muß zum Bettler werden. Wir müssen herunter vom Thron unserer Selbstgerechtigkeit und Selbstbehauptung. Wir müssen herunter von dem Stolz, der sich so ungern beugt. In der Seelsorge Gottes müssen Könige zu Bettlern werden.

Lesen Sie einmal den 51. Psalm. Er ist das Gebet, das David nach dem Gespräch mit Nathan gestammelt hat. Da liegt ein König vor Gott und bettelt. Sünde bekennen heißt bis auf den heutigen Tag: Ein König muß zum Bettler werden.

Eine Zwischenfrage: Sind Sie König oder Bettler?

Ein König ist sehr stolz. Ein Bettler weiß nichts mehr, worauf er stolz sein könnte. Sind Sie König oder Bettler?

Ein König glaubt, daß er großartig ist. Ein Bettler weiß, daß ihm alles Großartige fehlt. Sind Sie König oder Bettler?

Ein König ist empfindlich auf seine Ehre bedacht. Ein Bettler weiß, daß da nichts mehr ist, was ihn ehrt. Sind Sie König oder Bettler?

Könige, d. h. Leute, die sich selbst genug sind, sich für gut halten und darum Gott nicht brauchen, sie werden ohne Gott verlorengehen. Bettler aber, die angekrochen kommen, so arm und schmutzig sie auch sind, und nur noch stammeln: »Wasche mich doch von meiner Missetat. Reinige mich doch von meiner Sünde«, sie sind die Leute, die unser Gott nicht von sich weist. Im Gegenteil, über sie freut er sich unermeßlich.

Was ist das für ein Gott! Geben Sie ihm Ihr ganzes Geld, das macht ihn nicht froh. Widmen Sie ihm fromme Gedanken, das macht ihn nicht froh. Sagen Sie ihm schöne Worte, das macht ihn nicht froh. Bringen Sie ihm Ihren ganzen Besitz, das rührt ihn um keine zwei Pfennig. Aber wenn Sie ihm Ihre Sünde bringen, Ihren Jammer, Ihre Schande, die Sie bedrückt – wenn Sie angebettelt kommen, dann freut sich der lebendige Gott und mit ihm der ganze Himmel.

»Es ist Freude im Himmel über einen Sünder, der Buße tut«, das heißt, es ist Freude im Himmel über einen Sünder, der Gott seine Sünde bringt!

Wo in dieser Welt finden Sie das? Bei den Menschen? Versuchen Sie doch einmal, Ihre Sünde, die Sie heimlich auf sich geladen haben, bei den Leuten loszuwerden! Gehen Sie irgendwohin in dieser Welt, gehen Sie zu den Menschen, die werden Sie verurteilen und zerreißen. Vor den Menschen können Sie nicht ehrlich werden, das sagt Ihnen schon Ihr Instinkt. Vor Gott aber beginnt die große Entlastung, wenn jemand sagt: Ich habe gegen den Herrn gesündigt.

Vieles steht und fällt mit der Frage: Bin ich König oder Bettler? Es ist nicht leicht, vom Thron der eigenen Selbstgerechtigkeit herunterzusteigen. Vor Gott Bettler zu werden, wo man bisher sein eigener König war, das ist eine Zumutung. Einem Menschen, einem Handlanger in der Seelsorge Gottes, seine Sünde zu offenbaren, das ist kein leichter Gang. Wer wirklich einmal diesen Gang angetreten hat, der weiß das. Warum ist es eigentlich so schwer, zum Seelsorger zu gehen und herauszubringen, was uns vor Gott belastet?

Sündigen ist ja immer ein Verrat an Gott. Sünde bekennen aber ist ein Verrat am Teufel. Das Bekennen der Sünde ist darum so schwer, weil sich eine ganze Hölle dagegen auflehnt, an Gott verraten zu werden. Wer seine Sünde bekennt, verrät das Geheimnis, das er mit der Finsternis hat, an das Licht.

So schwer dieses Bekennen oft fällt, es muß unter bestimmten Umständen geschehen. Es gibt nun einmal Sünden, die man im persönlichen Gebet um Vergebung nicht loswird. Die persönliche Beichte ist ja kein schweres Gesetz, sondern ein Angebot zur Befreiung von besonders schweren Lasten.

Wir wollen an dieser Stelle Martin Luther zu Worte kommen lassen, von dem manche sagen, daß er die Beichte in der evangelischen Kirche abgeschafft habe. In seinem Großen Katechismus lesen wir, wie sehr gerade ihm die persönliche Beichte am Herzen lag.

Luther kennt einmal die Beichte, die er ein »allgemeines Bekenntnis aller Christen« nennt, »nämlich, da man Gott selbst allein oder dem Nächsten allein beichtet und um Vergebung bittet . . .«. Dann aber kennt er die »heimliche Beichte, so zwischen einem Bruder allein geschieht; und soll dazu dienen, wo uns etwas Sonderliches anliegt und anficht . . .«.

> »Denn es ist nicht in Gebote gefaßt, wie jene zwei, sondern einem jeglichen, wer sein bedarf, anheimgestellt, daß er's zu seiner Not (Nutzen, Segen) brauche, und ist daher gekommen und geordnet, daß Christus selbst die Absolution seiner Christenheit in den Mund gelegt und befohlen hat, uns von Sünden zu lösen. Wo nun ein Herz ist, das seine Sünde fühlt und Trost begehrt, hat es hier eine gewisse Zuflucht, da es Gottes Wort findet und hört, daß ihn Gott durch einen Menschen von Sünden entbindet und losspricht.
>
> So merke nun, wie ich oft gesagt habe, daß die Beichte besteht in zwei Stücken. Das erste ist unser Werk und Tun, daß ich meine Sünde klage und begehre Trost und Erquickung meiner Seele. Das andere ist ein Werk, das Gott tut, der mich durch das Wort, dem Menschen in den Mund gelegt, losspricht von meinen Sünden; welches auch das vornehmste und edelste ist, das sie (die Beichte) lieblich und tröstlich macht . . .
>
> Wir vermahnen aber, du sollst beichten und deine Not anzeigen; nicht: darum, daß du es für ein Werk tust, sondern hörest, was dir Gott sagen läßt. Das Wort, sage ich, oder Absolution sollst du ansehen, groß und teuer achten als einen trefflichen, großen Schatz, mit allen Ehren und Dank annehmen.
>
> Wenn man solches ausstriche und daneben die Not anzeigte, die uns dazu bewegen und reizen sollte, bedürfte man nicht viel Nötigens noch Zwingens; sein eigen Gewissen

würde einen jeglichen wohl treiben und so bange machen, daß er sein froh würde und täte, wie ein armer, elender Bettler, wenn er hört, daß man an einem Orte eine reiche Spende, Geld oder Kleider austeilte: da bedürfte man keines Büttels, der ihn triebe und schlüge, er würde wohl selbst laufen, was er Leibes (aus Leibes Kräften) laufen könnte, daß er's nicht versäumte. Wenn man nun ein Gebot darauf schlüge, daß alle Bettler sollten dahin laufen, daß und kein anderes (ohne nähere Angabe), und verschwiege doch, was man da suchen und holen sollte; was wäre das anders, denn daß man hinginge mit Unlust und nicht dächte, etwas zu holen, sondern sich lassen sehen, wie arm und elend der Bettler wäre? Davon würde man nicht viel Freude oder Trost schöpfen, sondern nur dem Gebote desto feinder werden . . .

Bist du arm und elend, so gehe hin und brauche der heilsamen Arznei. Wer nun sein Elend und Not fühlt, wird wohl solch Verlangen danach kriegen, daß er mit Freuden hinzulaufe. Welche es aber nicht achten, noch von sich selbst kommen, die lassen wir auch fahren. Das sollen sie aber wissen, daß wir sie nicht für Christen halten.

So lehren wir nun, wie trefflich, köstlich und tröstlich Ding es ist um die Beichte und vermahnen dazu, daß man solch teuer Gut nicht verachte . . .

Darum wenn ich zur Beichte vermahne, so tue ich nichts anderes, denn daß ich vermahne, ein Christ zu sein. Wenn ich dich dahin bringe, so habe ich dich auch wohl zur Beichte gebracht. Denn welche danach verlangt, daß sie gerne fromme Christen und ihrer Sünden los wären und fröhlich Gewissen haben wollen, die haben schon den rechten Hunger und Durst, daß sie nach dem Brot schnappen; gleichwie ein gejagter Hirsch vor Hunger und Durst entbrennt, wie der 42. Psalm, V. 2, sagt: »Wie der Hirsch schreit nach den Wasserbächen, so schreit meine Seele, Gott, zu Dir«; das ist, wie wehe und bange einem solchen ist nach einem frischen Born, so angst und bange ist mir nach Gottes Wort oder Absolution und Sakrament . . .«*). So weit Martin Luther!

* D. Martin Luthers »Großer Katechismus« 1529, 11. Auflage, Evg. Verlagsanstalt GmbH Berlin, Seite 147 ff.

Es gibt ein Verschweigen der Sünde, das den Menschen innerlich verhärtet. Da trägt der Mensch den Keim der Zerstörung ständig mit sich herum. Gäbe er doch heraus, was ihn belastet! Die härteste Fessel der Sünde wird dort gesprengt, wo ein Mensch vor Gott ehrlich wird.

Sünde ist doch nicht darum Sünde, weil »man« dies oder das nicht tut. Was nennt die Bibel eigentlich Sünde? Alles, was Ihr Leben zerstört, das nennt die Bibel Sünde. Alles, was Ihr Leben zerreißt, erdrückt, vernichtet, einsam macht – das nennt die Bibel Sünde. Gott lehnt sich auf gegen die Zerstörung, gegen den Zerbruch und die Vernichtung Ihres Lebens. Er bietet Ihnen Heilung an, umfassende Heilung. Wir aber müssen seine Partner werden in der Auflehnung gegen unsere Zerstörung. Wir dürfen nicht länger Partner des Feindes Gottes sein, der ja auch ein Feind der Menschen ist.

Vielleicht sind Sie in Sünde hineingeraten und kommen nun aus eigener Kraft nicht mehr heraus. Haben Sie den Mut, sich einem seelsorgerlichen Menschen anzuvertrauen. Wir können uns wohl alle nicht davor bewahren, in Sünde zu fallen. Seit Jesus auf Golgatha für uns gestorben ist, braucht niemand mehr in seiner Sünde verlorenzugehen. Das Fallen ist darum auch nicht das Schlimmste, sondern das Liegenbleiben. Geben Sie Ihre Schuld heraus. Damit machen Sie den Himmel froh. In der Seelsorge Gottes wird klares Bekennen der Sünde verlangt.

c) Vergebung der Sünde. – Merke: In der Seelsorge Gottes wird Sünde nur sehr teuer vergeben.

Die Güte Gottes schafft die Voraussetzung zur Umkehr des Sünders. Alles kann wieder gut werden, wenn schuldige Menschen sich unter ihrer Schuld beugen, wenn sie ehrlich werden und ihre Sünde bekennen. Kein Weg führt an dieser Ehrlichkeit vor Gott vorbei.

»Da sprach David zu Nathan: ›Ich habe gegen den Herrn gesündigt.‹ Nathan sprach zu David: ›So hat auch der Herr dir deine Sünde weggenommen; du wirst nicht sterben. Aber weil du die

Feinde des Herrn durch diese Geschichte hast lästern gemacht, wird der Sohn, der dir geboren ist, des Todes sterben.‹«

Es ist unfaßbar, wie hoch Gott das Bekenntnis des Königs bewertet: »So hat auch der Herr dir deine Sünde weggenommen.« Gottes Antwort auf Erkenntnis und Bekenntnis der Sünde ist die vollkommene Vergebung! Nach welcher Logik ist das so? Hier kommt man mit Logik nicht mehr weit. Die Liebe Gottes ist nicht mit kalter Logik zu messen oder zu begründen. Gott ändert sich nicht, auch wenn der Mensch ihn zeitweilig mit Füßen tritt. Auch als der heilige Richter bleibt er unverändert der gnädige Gott. So ist unser Gott: Er läßt den Sünder nicht in seinem Elend, in seiner Verlorenheit. Es ist Gottes Leidenschaft, uns da herauszuretten. »So hat auch der Herr deine Sünde weggenommen.«

Wenn wir nach einem langen Christenleben einmal zurückblikken, können wir wissen: Der Herr hat mir vergeben. Wir leben von der Vergebung. Das ist unser ganzer Ruhm. Was wir waren und taten, wird nie ohne Schuld und Verfehlung gewesen sein. Und wenn jemand bewahrt worden ist vor Mord oder Ehebruch, will er das auf das Konto der eigenen Ehre buchen? Sind wir mehr als David? Sind wir charakterfester, sittlicher, gläubiger, moralischer oder echter? In jedem von uns wohnt der Abgrund der Sünde. Auch wir können nur stammeln: Ich habe gegen den Herrn gesündigt. Nach dem Tode Martin Luthers fand man einen Zettel, auf den er mit schwacher Hand den Satz geschrieben hatte: »Wir sind Bettler, das ist wahr!« Weil es so ist, sind wir wie David darauf angewiesen, daß uns zugesprochen wird: So hat auch der Herr deine Sünde weggenommen! Dieses letzte Wort, dieses letzte Urteil Gottes stößt im Himmel und auf Erden das Tor zur Freude auf. Da ist Freude im Himmel, und sie teilt sich unserem Herzen mit.

Ich habe von der Frau erzählt, die zur Beichte kam und mit dem Satz begann: »Ich kann seit zwanzig Jahren nicht mehr lachen.« Dann hat sie ihre Schuld herausgebracht. Wir haben zusammen gebetet. Dann habe ich ihr unter Handauflegung zusprechen dürfen: »Dir sind deine Sünden vergeben. Gehe hin und fürchte dich nicht mehr.« Sie ist dann gegangen. Nach etwa 14 Tagen bekam ich von ihr einen kurzen Brief. Es stand nicht sehr viel darin. Ein kurzes Dankeschön. Aber dann fand sich dort der Satz: »Ich kann jetzt wieder lachen.« Das ist das Wunder, das sich in der Seelsorge Gottes vollzieht.

Nun könnte jemand denken: »Wenn das so leicht ist! Man bekennt seine Schuld – und schon bekommt man die Vergebung. Das ist ja doch ein bißchen billig.«

Gott richtet dem David ein Zeichen auf, daß seine Gnade nicht billig ist. Sie kostet Großes, denn sie kostet Leben. David muß das erfahren am Tod, den sein unschuldiges Kind erleidet. Der Vater darf leben, weil das Kind stirbt. Das ist stellvertretender Tod. Für David ist es ein unvergeßlicher Hinweis, welches Gewicht die Sünde und welches Gewicht die Vergebung der Sünde hat. Auf Sünde steht Tod, und Gott läßt sterben. David hat es mit Schmerzen erlebt. Sieben Nächte lang hat er verzweifelt nach Gott geschrien. Gott hat sein Schreien nicht erhört.

Wir können an dieser Stelle sagen: Wir haben mehr als David. Wir können von einem sprechen, der uns all diese Schmerzen abgenommen und sie auf sich selber geladen hat. Wir haben den, der für uns geschrien hat, an unserer Statt. Seit Golgatha hat jede Vergebung etwas mit dem Sterben Jesu Christi zu tun.

Der Sohn Davids mußte sterben als Strafe für Davids Schuld. Seit der Sohn Gottes als Strafe für unsere Schuld gestorben ist, werden unsere Söhne niemals mehr als Strafe für unsere Schuld sterben. Das ist das Evangelium in einem Satz: »Gott straft nicht mehr nach unserer Schuld.« Gott hat diese Strafe auf seinen Sohn gelegt. Jeder Sündenvergebung geht das Sterben vorauf. Aber dieses Sterben hat Jesus übernommen.

David mußte seine Schuld mit seinem Sohn bezahlen. Unsere Schuld hat Gott mit seinem Sohn bezahlt. Wir müßten nicht mehr zahlen. Es ist alles beglichen. Der Schuldbrief ist zerrissen.

Sie sind vielleicht in eine schwere Sünde gefallen. Verzweifeln Sie nicht! Jesus ist ja gerade für solche Sünder gestorben. Sein Blut will Sie rein machen von aller Sünde. Wissen Sie, wie Sie den Sohn Gottes ehren können? Nehmen Sie sein Sterben, sein reinigendes

Blut für sich in Anspruch. Wer seine Sünde Jesus ausliefert, ehrt Gottes Sohn. Da gehen Sie nicht am Kreuz vorbei, sondern stellen sich darunter. Christen sind Menschen, die sich unter das Kreuz von Golgatha stellen. Der Sohn Gottes starb für uns. So teuer ist die Vergebung. Für uns aber ist sie umsonst. Wir dürfen sie uns schenken lassen. In der Seelsorge Gottes geschehen an Sündern heimliche Wunder. Wenn Sie ein Sünder sind, begeben Sie sich in die Seelsorge Gottes. Verzichten Sie nicht auf das Wunder der Vergebung. Geben Sie Gott die Ehre.

IX. Gemeinde – Allein geht man ein

1. Neue Masche Einsamkeit?

Kürzlich sah ich in einer Fotomontage das Bild eines jungen Mannes, der unter einer großen Käseglocke saß. Er sah aus wie ein Student mit Jeans, Brille und Backenbart. Unter dem Bild standen die Worte: »Neue Masche Einsamkeit«.

Ich war etwas schockiert. Es gibt viel Einsamkeit in unseren Tagen, das ist wahr. Aber Einsamkeit ist doch eine uralte Not und nicht eine neue Masche. Überhaupt von Einsamkeit als von einer Masche zu reden, ist das nicht mehr als frivol? Als ob man das selber machen würde, oder selber wollte oder dafür etwas könnte!

Irgendwo las ich die Geschichte von Alice.

Alice war Fabrikarbeiterin, eine von fünfhundert. Sie war etwa 40 Jahre alt. Viele kannten sie, duzten sie, nannten sie Alice. Doch sie war einsam in der Masse. Die Männer fanden, daß sie recht gut aussehe. Die Frauen sagten ihr freundlich: »Guten Tag.« Aber niemand kümmerte sich um sie. Ihre Arbeit wurde nie beanstandet. Mit ihrem Lohn kam sie gut aus. Alice hatte keine Laster und machte sich nie lächerlich. Nie gab sie Anlaß, daß die Leute über sie schwatzten.

So war Alice. Kein Mensch kam auf den Gedanken, daß dieser freundlichen und fleißigen Frau etwas fehlen könnte. Und doch fehlte ihr im tiefsten Grunde alles, nämlich ein wirklicher Inhalt für ihr Leben. Nach einer besonders bitteren Enttäuschung treffen wir Alice an einem Dezemberabend auf dem Heimweg von der Fabrik. Sie legt den Arm an die kalte Mauer, verbirgt ihr Gesicht darin und weint, zittert und schluchzt:

»Wofür soll ich eigentlich noch leben? Niemand kümmert sich um mich. Alle meinen *die* hat es gut, der fehlt nichts, die kann sich etwas leisten. Aber niemand sagt: ›Alice, komm mit!‹ Niemand wartet auf mich, am Morgen nicht und am Abend nicht. Niemand fragt: ›Alice, was machst du heute?‹ Niemand hat Heimweh nach mir. Wenn ich hier sterben würde, niemand würde es merken. Mein Leben ist langweilig, sinnlos und überflüssig. Mit mir ist nichts los. Niemand liebt mich. Niemand kümmert sich um mich. Keiner fragt nach mir.«

Alice weint, angewidert von der Trostlosigkeit ihres geordneten Lebens, das geregelt, aber einsam ist.

Alice gibt es tausendfach in unseren Städten und Dörfern. Allein geht man ein. Das bekam sie grausam zu spüren. Ihre Einsamkeit war nicht ihre Masche. Sie war die Tragödie ihres Lebens.

Einsamkeit ist keine »Masche«. Einsamkeit ist eine wirkliche Not, die einen Krebsschaden unter uns Menschen offenbart. Einsamkeit ist wie eine oft nicht zu ertragende Krankheit. Niemand zählt die Tränen, die aus Einsamkeit vergossen werden. Allein geht man ein.

Einsamkeit ist keine Masche. Sie ist doch kein Zustand, den wir selbst herbeiführen würden. Wir kriechen doch nicht von selbst unter die Käseglocke der Einsamkeit. Wer will das denn, einsam sein? Nein, das wollen wir nicht und das will sicher niemand von denen, die es sind.

Nun muß ich aber an dieser Stelle etwas sagen, was vielleicht recht hart und lieblos klingt, was aber um der Wahrheit willen gesagt werden muß: Menschen, die einsam sind, sind fast immer ihre eigenen Opfer. (Ausnahmen bestätigen hier natürlich die Regel. Wenn man um einen Menschen trauert, der gestorben ist, dann wird man für eine ganze Wegstrecke oft sehr einsam sein.) Über einsame Menschen liegt es sehr oft wie ein Fluch, den sie selbst heraufbeschworen haben: Sie haben sich dazu verdammt, nur sich selber zu lieben.

Das Los von Alice ist wirklich erschütternd. Aber ihre Klage lautete: »Niemand liebt *mich*. Niemand kümmert sich um *mich*. Niemand fragt nach *mir*.«

Aber Alice, so müßte man fragen: Um wen kümmerst *du* dich denn? Nach wem fragst *du* denn? Alice, es gibt ein Heer von Menschen, die sind einsamer und ärmer als du. Einige leben ganz sicher in deiner Nähe. Warum sind sie einsamer? Weil *du* sie nicht besuchst, sondern selber nur aufs Besuchtwerden wartest. Warum sind sie ärmer? Weil du sie nicht beschenkst, sondern immer darauf wartest, selbst beschenkt zu werden. Einsamkeit wird nie damit überwunden, daß wir uns von anderen lieben lassen. Einsamkeit wird nur dadurch vertrieben, daß wir andere lieben. Und dazu gibt es in dieser mit Not so randvollen Welt Gelegenheit genug.

Nur für Menschen, die für andere offen sind, ist Einsamkeit kein Problem. Aber wer sich selbst sucht, wird immer einsam sein. Selbstsucht zerstört jede Gemeinsamkeit und jede Gemeinschaft. Selbstsucht ist ein schlechter Weg. Er führt in die Sackgasse der Einsamkeit. Da hat man niemanden, der nach einem fragt, weil man selber niemals nach jemanden fragte. Spätestens hier erweist sich, was Selbstsucht eigentlich ist.

Selbstsucht ist Selbstzerstörung. Der Selbstsüchtige sägt sich den Ast ab, auf dem er selber sitzt. Warum ist das so?

Wir Menschen können ohne Gemeinschaft nicht leben. Wir sind auf das Gegenüber, auf ein »Du« angelegt und angewiesen. Wir brauchen Mitmenschen, um selber Menschen zu sein. Wir brauchen die Gemeinschaft. Weil Selbstsucht aber jede Gemeinschaft zerstört, nehmen Selbstsüchtige sich gerade das, woraufhin sie geschaffen sind.

Selbstsüchtige Menschen sind nicht gemeinschaftsfähig. Sie nehmen sich die Möglichkeit, Menschen *für* andere Menschen zu sein. Darin aber besteht gerade unsere Menschenwürde, daß wir Menschen für andere sind. Der Selbstsüchtige untergräbt seine Menschenwürde. Suchte er den anderen, so würde er sich selber finden. Weil er aber sich selber sucht, muß er den anderen – und mit ihm sich selber – verlieren. Wir sind in dem Maße Menschen, wie wir es für andere sind.

2. Menschliches und Göttliches über die Gemeinde

Christsein bedeutet den Weg zu gehen, auf dem man es lernt, wieder Mensch zu sein. Christen sind Leute, die sich in die Hände Jesu gegeben haben, die sich selbst »losgeworden« sind bei ihrem Herrn. Wir brauchen uns nicht mehr selbst zu suchen, weil unser Herr uns gesucht und gefunden hat. Ich darf mich zwar auch selber lieben. Aber ich muß nicht mehr selbstsüchtig sein. Wer sich selbst losgeworden ist, ist dadurch fähig gemacht zur Gemeinschaft. Gemeinschaft braucht selbstlose Menschen, und selbstlose Menschen stiften Gemeinschaft.

Es ist darum sachlich und folgerichtig, daß ein Mensch, sobald er Christ wird, dazu befreit und berufen ist, Glied in einer christlichen Gemeinschaft, in der Gemeinde Jesu, zu sein. Sage mir, wie du zur Gemeinde Jesu stehst, und ich sage dir, wie du zu Jesus stehst. Die Echtheit unseres persönlichen Christseins erprobt sich an unserem Willen und auch an unserer Fähigkeit zur Gemeinde. Wer der Gemeinde untreu ist, ist seinem Herrn untreu. Wer kein lebendiges Glied der Gemeinde ist, kann auch als Einzelchrist nicht lebendig sein. Man kann nicht an Jesus Christus glauben, ohne ein lebendiges Glied der Gemeinde zu werden. Man kann nicht Christ sein im Alleingang. Es gibt kein neutestamentliches Wort, das das gestattet. »Ich statuiere kein Christentum ohne Gemeinschaft«, sagt Zinzendorf. Die Nachfolge Jesu versetzt uns hier auf Erden also nicht in ein religiöses Wolkenkuckucksheim, sie stellt uns in die Gemeinde.

Welch einen Rang der Gemeinde in unserem Glauben zukommt, macht auch unser Glaubensbekenntnis deutlich. Das Wichtigste steht voran: Vater, Sohn und Heiliger Geist. Dann aber kommt sofort nach dem Satz: »Ich glaube an den Heiligen Geist« das Bekenntnis zur Gemeinde: »eine heilige christliche Kirche, die Gemeinschaft der Heiligen . . .«. Wo anders ist der Ort des Glaubens als in der Gemeinde. Sie ist der Boden, auf dem Glaube wächst. Ohne Gemeinde hat der Glauben keinen Boden, gibt es kein geistliches Wachstum.

Es gibt in unserem Land eine Vielfalt von Kirchen, Gemeinschaften und Freikirchen. Es gibt geistliche Bewegungen, die in Zurückhaltung und Verborgenheit in großem Segen wirken. Da werden Menschen in Hauskreisen um Gottes Wort versammelt, da entstehen geistliche Zellen lebendiger Gemeinde. Es gibt überkonfessionelle Missionsgemeinschaften, die besonders auch unter jungen Menschen arbeiten. In Freizeiten und Kurzbibelschulen werden sie zum Glauben gerufen und weitergeführt. Wer nicht ganz in konfessioneller Enge vernagelt ist, kann sich über diese Vielfalt geistlichen Lebens nur freuen.

Eine seltsame Art von »christlicher Gemeinde« stellt unsere Volkskirche dar. Über 90% unserer evangelischen Bevölkerung gehören ihr an. Aber kaum 5% halten sich zu ihr. Ungezählte Kirchenchristen haben mir persönlich gesagt, daß sie nicht an Gott glauben, schon lange nicht an Jesus Christus. Nun aber ist Kirche immer nur da, wo an Jesus Christus geglaubt wird. In unserer Volkskirche ist also in dem Maß christliche Gemeinde, wie da Menschen sind, die bekennen, daß Jesus Christus ihr Herr ist.

Eine besondere Not ergibt sich aus der Größe der einzelnen Gemeindebezirke. Ein Pfarrer, der drei- bis viertausend Menschen geistlich versorgen soll, ist absolut überfordert. Keiner kann so viele Menschen auch nur mit Namen kennen. Diese großen Bezirke sind ausgesprochen widernatürlich. Und was widernatürlich ist, kann niemals geistlich sein. Da ist es kein Wunder, daß viele Pfarrer heimlich resigniert haben, daß es ihnen schwerfällt noch fröhlichen Glauben und Zuversicht an den Tag zu legen. Viele dieser Pfarrer haben überdies – weil sie über den Zaun ihrer Kirche nie geschaut haben – noch nie lebendige Gemeinde Jesu erlebt. Weil ihnen aber solch lebendiges Beispiel fehlt, haben viele beschlossen, lediglich zu verwalten, was vorhanden ist, ohne daß sie daran denken, zu neuen Ufern aufzubrechen.

So nimmt es kein Wunder, daß in unserem Volk die Kritik an der Kirche groß, weit verbreitet und oft ausgesprochen bitter ist. Vieles an dieser Kritik ist sicher auch berechtigt.

Neben der berechtigten Kritik gibt es auch manche falsche. Sie ist darum falsch, weil sie destruktiv ist. Es gibt Meckerfritzen, die nur kritisieren, ohne auch selbst nur einmal einen positiven Beitrag zur Lebendigkeit der Kirche zu leisten. Die einzig erlaubte Kritik an der Volkskirche ist die selbstlose Mitarbeit. Nichts ist billiger, als tatenlos zuzusehen, wie sich einige recht und schlecht abmühen, um sie dann noch kalt und herzlos abzukanzeln.

Wer über die Kirche meckern will, findet immer einen Grund. Das liegt in der Natur der Sache. Woraus besteht denn die Gemeinde Jesu Christi? Besteht sie aus fehlerlosen Heiligen, aus Menschen, die jenseits von Gut und Böse stehen? Finden sich in der Gemeinde die großen menschlichen Qualitäten? Sind da in erster Linie die Menschen ohne Fehl und Tadel? Man müßte sagen: Genau das Gegenteil ist der Fall. Die Gemeinde Jesu besteht ganz schlicht nur aus begnadigten Sündern. »Sehet an, liebe Brüder, eure Berufung: nicht viel Weise nach dem Fleisch, nicht viel Gewaltige, nicht viel Edle sind berufen. Sondern, was töricht ist vor der Welt, das hat Gott erwählt, daß er die Weisen zu Schanden mache; und was schwach ist vor der Welt, das hat Gott erwählt, daß er zu Schanden mache, was stark ist; und das Unedle vor der Welt und das Verachtete hat Gott erwählt und das da nichts ist, daß er zunichte mache, was etwas ist, auf daß sich kein Fleisch vor ihm rühme« (1. Korinther 1,26–29).

Mehr also läßt sich von der Gemeinde Jesu nicht sagen, aber weniger auch nicht: Sie besteht aus einer Schar begnadigter Sünder. Aber als die Schar der begnadigten Sünder, ist sie die Geliebte des lebendigen Gottes. Und wo in unserer Volkskirche Gemeinde Jesu ist, gilt das auch von ihr.

Das Verhältnis Jesu zu seiner Gemeinde drückt das Neue Testament in herrlichen Bildern aus. Sie gehören zusammen wie der Hirt und die Herde, wie der König und sein Volk, wie der Vater und seine Kinder, wie das Haupt und die Glieder, wie der Bräutigam und seine Braut. Die Gemeinde ist die Geliebte des lebendigen Gottes.

In diesen Bildern wird sie nicht idealisiert. Hierin wird nur die Liebe ausgedrückt, die sie von Gott her umgibt. Was Gott liebt, wird niemand ungestraft verachten.

Als Jesus seine Jünger berief, hat er auch keine Elitetruppe zusammengestellt. Ich hätte ihm bei einigen Jüngern entschieden abgeraten. Jesus hat nicht nach menschlichen Qualitäten geschaut.

Wer bereit war, Jesus sein Leben zu geben, den hat er angenommen, ob das nun ein Zöllner und Betrüger war wie Levi, ein kleiner überheblicher Gernegroß wie Petrus oder ein Hitzkopf, wie Simon, der Zelot, von Judas gar nicht erst zu reden.

Sündige, fehlerhafte Menschen hat unser Herr sich erwählt. Und er hält es so bis auf den heutigen Tag. Sündige, fehlerhafte Menschen haben mir in dieser Kirche den Weg des Glaubens, den Weg zu Jesus Christus gezeigt. Wem die menschliche Seite der Gemeinde nicht paßt, der muß auch auf ihre göttliche Berufung und Sendung verzichten. Man kann das eine nicht haben ohne das andere.

3. Bleib nicht allein!

Es kommt unter allen Umständen darauf an, daß wir als Christen nicht allein bleiben. Natürlich gilt das auch und gerade für junge Christen, die im Anfang ihres Wachsens im Glauben stehen. Der Glaube verkümmert und siecht dahin, wenn keine geistliche Gemeinschaft da ist, die ihn trägt und umgibt. Es ist vergleichbar mit kleinen Kindern, die in Waisenhäusern aufwachsen müssen. Sie tragen bleibenden seelischen Schaden davon, weil ihnen die Liebe und Zuwendung einer Familie entzogen ist. Die christliche Gemeinschaft ist die »familia dei«, die Familie Gottes. Nur hier kann Glaube sich gesund entwickeln und entfalten. Leider wird an dieser Stelle ausgerechnet von »christlichen« Eltern viel Unheil angerichtet. Wenn die Zeugnisse nicht gut ausgefallen sind, versagen sie ihrem Kind oft als erstes den regelmäßigen Kontakt zum Bibelkreis. Damit aber trifft sie das harte Wort Jesu aus Matthäus 18,6 f.: »Wer aber Ärgernis gibt einem dieser Kleinen, die an mich glauben, dem wäre es besser, daß ein Mühlstein an seinen Hals gehängt und er ersäuft würde im Meer, wo es am tiefsten ist. Weh der Welt der Ärgernisse halben! Es muß ja Ärgernis kommen; doch weh dem Menschen, durch welchen Ärgernis kommt!«

Das Wort, das hier mit »Ärgernis« übersetzt ist, heißt im Urtext

»skandalon«. Ein »skandalon« war ein Fallholz, das man bei kriegerischen Auseinandersetzungen dem Feind in den Weg legte. Wer darüber fiel, konnte schnell überwältigt und kampfunfähig gemacht werden. Dieses Bild gebraucht Jesus. Auf unseren Zusammenhang übertragen bedeutet es: Wer seinen Kindern (oder den Kindern im Glauben) etwas in den Weg legt, was sie im Glauben hindert, den trifft das harte Wort des Sohnes Gottes: »Wehe ihnen!«

Weil mir diese Dinge um junger Christen und der Gemeinden willen wichtig sind, möchte ich an dieser Stelle den evangelischen Theologen Wilhelm Vischer zu Worte kommen lassen. In seinem Buch »Die evangelische Gemeindeordnung« (S. 61 ff.) sagt er zu der zitierten Matthäusstelle:

> »Der heilvollen Möglichkeit, daß die Kinder in die Gemeinschaft des Vertrauens zum Vater im Himmel aufgenommen werden, stellt Jesus die drohende Gefahr gegenüber, daß einer von diesen Kleinen am Vertrauen zu Gott irregemacht werde. Zeigte schon das Wort vom Umkehren und Werden wie die Kinder, daß an dem Begriff des Kindes hier nicht das Alter, sondern die innere Haltung wesentlich ist, so haben wir erst recht unter den Kleinen, *die an Jesus glauben*, nicht nur kleine Kinder zu verstehen. Schon in der Aussendungsrede hat Jesus seine Boten, die er zu den Menschen schickt, ›wie Schafe mitten unter die Wölfe‹, als ›diese Kleinen‹ bezeichnet (10,42). Und im Gegensatz zu ›den Weisen und Klugen‹, denen Gott das Geheimnis seiner Vaterschaft verborgen hat, nannte Jesus die Menschen, denen es der Vater offenbart hat, ›die Unmündigen‹ (11,25). . . . Jesus sieht die Gefahr, an diesen Kleinen könnten arge Brüder das größte Verbrechen begehen. Er warnt die Seinen davor mit einer erschrekkenden Erregtheit.
>
> Es ist die Gefahr des Skandalons. Dieses Wort, das im Deutschen weder durch Ärgernis, noch durch Anstoß, noch durch Verführung, noch durch Verderben ganz übersetzt werden kann, bezeichnet offenbar den wundesten Punkt der Gemeinde. Jedesmal wenn er berührt wird, schmerzt und empört es Jesus. Wir erinnern uns an das furchtbar scharfe

Wort, mit dem er den Petrus als den Satan von sich wies, als er ihm zum Skandalon werden wollte. Skandalon ist das Hindernis, das sich einem in den Weg wirft, so daß er darüber stolpert oder dadurch von der rechten Richtung abgelenkt wird und in das Verderben fällt. Es will verhindern, daß der Wille Gottes geschehe. Jesus will im Namen des Vaters retten. Er bringt die Möglichkeit, daß jeder, der an ihn glaubt, vom ewigen Verderben errettet werde. Seine Gemeinde soll die Gefährdeten sammeln und bewahren, damit sie in dem bevorstehenden Gericht begnadigt und nicht verdammt werden. Die Skandala drohen, die Möglichkeit des Heils zu vereiteln. Wie leicht können, sogar im Schoß der Gemeinde, gerade die Kleinen, die an Jesus glauben, die Unbedeutenden und Uninteressanten, leichtfertig behandelt und abgestoßen, enttäuscht, verführt und irregemacht werden, so daß sie dem Verderben verfallen! . . .

Wer sich dessen schuldig macht, dem wäre es ›ein Gewinn‹, ein Vorteil im Blick auf die furchtbare Strafe, die ihn treffen wird, wenn ihm ein *Mühlstein,* und zwar der Stein einer von einem Esel getriebenen Mühle, der größer ist als der Stein einer gewöhnlichen Mühle, durch das weite Loch in seiner Mitte um den Hals gehängt und er *in der Tiefe des Meeres ersäuft würde.*«

»Sehet zu, daß ihr nicht jemand von diesen Kleinen verachtet«, sagt Jesus im gleichen Zusammenhang. Ich habe Kirchengemeinden erlebt, von denen man nicht behaupten konnte, daß sie sich durch besondere geistliche Lebendigkeit auszeichneten. Manchmal aber ergab es sich, daß dort junge Menschen, die eine auswärtige Evangelisation besucht hatten, zum lebendigen Glauben kamen. Sie sammelten sich daraufhin in ihrer Gemeinde, lasen die Bibel, beteten, wurden missionarisch tätig. Es ist fast nicht zu glauben: Plötzlich schlug ihnen eine Welle von Verachtung und hämischer Geringschätzung aus der eigenen Gemeinde entgegen. Sie wurden bei jeder Gelegenheit verdächtigt und die Gerüchteküche geriet in Dampf.

Ein zuständiger Pfarrer unterbreitete mir seine »große Sorge«, die er um diese Jugendlichen und um die in Unruhe gekommene

Gemeinde habe.

»Haben Sie sich denn auch schon einmal darüber gefreut, daß diese Jungen Leute zum Glauben gekommen sind?«

Er sah mich verständnislos an. Er konnte sich nicht freuen. Er hatte nur seine »große« Sorge. Die große Schar der Konfirmierten, die er Jahr für Jahr auf Nimmerwiedersehen entließ, bereiteten ihm indes nicht die geringste Sorge. Daraufhin angesprochen, warum er sich um sie gar nicht mehr kümmere, sagte er: »Ich vertraue darauf, daß der Heilige Geist sie schon richtig führt.« Seltsam, dieses Vertrauen vermochte er bei den wirklich zum Glauben gekommenen nicht aufzubringen. Hier sprach sich nichts anderes als die Verachtung den »Kindern im Glauben« gegenüber aus, vor der Jesus ausdrücklich warnt.

Wilhelm Vischer sagt zu dieser Stelle:

> »Weil die Kleinen, die an Jesus glauben, nicht zu den einflußreichen Machthabern auf der Erde gehören, liegt es nahe, sie zu verachten. Das ist aber gefährlich. Denn dem Vater im Himmel sind diese Kleinen die Wichtigsten, sie haben den größten Einfluß bei seinem Thron. Die höchsten Beamten und nächsten Vertrauten eines Königs werden im Alten Testament als die bezeichnet, die das *Angesicht des Königs schauen* (2. Kön. 25,19). Diese Stellung haben die Engel der Kleinen vor dem Vater im Himmel. Während nach einem Wort des Rabbi Akiba auch die heiligen Lebewesen, die den Thron der Herrlichkeit tragen, nicht die Herrlichkeit sehen, so stehen nach dem Wort Jesu die Engel der Kleinen Gott noch näher als diese. Den Gerechten, die klagen: ›Wir wurden verachtet und fanden keinen, der uns auch nur mit einem Wort geholfen hätte‹, wird im Henochbuch zum Trost gesagt: ›Ich schwöre euch, ihr Gerechten, daß im Himmel die Engel vor der Herrlichkeit des Großen eurer zum Guten gedenken‹ (103 und 104). Die Engel führen Buch und melden Gott alle Mißachtung seines Willens und alles Leiden seiner Getreuen. Jesus setzt die Kleinen, die an ihn glauben, an die Stelle der jüdischen Gerechten. Auf sie ist das allerhöchste Augenmerk gerichtet, sie werden bei Gott durch die einflußreichsten Engel vertreten, die höher stehen als die himmlischen Vertreter

der irdischen Großmächte. Darum nehmt euch in acht, einen von diesen Kleinen zu verachten!«

Das Wort Jesu an die Gemeinde, ihre »Kleinen« und Anfänger im Glauben nicht zu verachten, ist eindeutig. Gebe Gott, daß es in den Gemeinden gehört wird!

Wer einen Anfang im Glauben gemacht hat, darf nicht allein bleiben. Er braucht die Gemeinschaft unter dem Wort Gottes mit anderen Christen. Aus dem alten Amerika ist die Geschichte einer Sklavin aus dem letzten Jahrhundert bekanntgeworden. Sie, die tagsüber einen schweren Dienst zu tun hatte, ging abends immer in die Versammlung ihrer Gemeinde. Eines Tages fragt sie jemand aus der Familie, der sie angehörte: »Warum gehst du abends noch dorthin. Du mußt doch von der Arbeit des Tages sehr erschöpft sein?« Da geht sie still zum Ofen, in dem die Kohlen glühen. Mit einer Kohlenzange holt sie eine der glühenden Kohlen heraus und legt sie auf ein Blech. Nach wenigen Minuten ist sie erkaltet, während die anderen im Ofen, die beieinanderliegen immer noch brennen. Christen sind wie brennende Kohlen, wollte die Sklavin damit sagen. Wenn sie keine Verbindung zueinander haben, erkalten sie im Glauben.

Wir können allein nicht glauben und als Christen leben. Wir brauchen einander. Die Gemeinde braucht Sie. Und Sie brauchen die Gemeinde. Das gehört zu den geistlichen Gesetzmäßigkeiten und Ordnungen, die niemand unter uns ungestraft mißachten kann. Darum suchen Sie unbedingt Kontakt zu einer Gemeinde, in der Jesus Christus und sein Wort in der Mitte stehen! Gehen Sie hin! Machen Sie mit! Stellen Sie sich auch als Mitarbeiter und Mitstreiter zur Verfügung. Lassen Sie sich verbindlich hineinrufen in die Gemeinde, denn für Zeit und Ewigkeit gilt unser Satz: Allein geht man ein. Darum: Bleib nicht allein!

X. Vom Geheimnis des Dienens

1. Die große Zumutung: Ein dienender Gott

Wer über das Geheimnis des Dienens nachdenken will, muß über Gott nachdenken, denn Gott ist ein dienender Gott. Gibt es eine größere Zumutung an uns Menschen als die, daß Gott dient? Der Herrscher aller Herren soll ein Diener sein? Das sprengt alle Systeme. Das bricht heraus aus allem, was religiös üblich ist. Es widerstreitet jedem menschlichen Empfinden. »Gott«, das ist der höchste Begriff, der für Menschen denkbar ist. Darum ist Gott das höchste Ziel, das erstrebt werden kann. Und dieses Ziel führt uns nicht zur Macht, sondern zur Ohnmacht, führt nicht zum Herrschen, sondern zum Dienen? Wenn Gott ein dienender Gott ist, so liegt über dem Dienen der Glanz der Ewigkeit. Das aber will uns schwer ins Herz und in den Sinn.

Unser Verhältnis zum Dienen ist zwiespältig. Wir herrschen lieber, als daß wir dienen. Zwei kleine Begebenheiten mögen das erweisen.

Die eine: Wir saßen im Autobus. Eine Fahrt ins Blaue stand auf dem Programm. Es ging bergab und bergauf. Wir wurden mächtig durchgeschüttelt: Ein Autobus voller angehender christlicher Mitarbeiter. Das Wetter war herrlich, die Landschaft bezaubernd. Man war sich einig über die schöne Natur. Niemand bemerkte indes, daß einem unter uns die Schaukelei sehr schlecht bekam. Da sauste der Bus wieder in eine Bodensenke, schlingerte ein wenig – und es war geschehen.

»Anhalten!« riefen einige der jungen Männer.

»Warum?« fragten die anderen.

»Darum!« wurde ihnen entgegnet. Und dann riefen sie auch: »Anhalten!«

Der Bus fuhr an die Seite und hielt. Die Tür sprang auf, und unser Autobus voller christlicher Mitarbeiter leerte sich in Windeseile. Nur der vom Unglück Betroffene schlich langsam, bleich und ein wenig zittrig an die frische Luft.

Allen war klar: Die »Bescherung« mußte so schnell wie möglich bereinigt werden. Da war zum Glück ein Haus. Dort gab es einen Eimer, klares Wasser und dazu ein Tuch. Schnell waren die Utensilien bereitgestellt. Nun aber ergab sich ein Problem: Wer muß das jetzt tun?

Der Unglücksrabe lag im Grase und konnte es nicht.

»Wer muß das jetzt tun?«

»Günter, los!« sagte einer.

»Das ist doch wohl ein freundlicher Irrtum«, zog sich der Angeredete aus der Affäre. »Horst ist der Jüngste.«

»Nee«, beeilte sich Horst. »Die Jüngsten müssen geschont werden.«

»Versuchen wir es mit dem Ältesten«, sagte einer, »Stephan, wie ist es?«

»Das kann nicht dein Ernst sein«, flachste Stephan. »Nie gehört? Das Alter muß man ehren.«

Der Geruch kroch langsam aus der Tür.

Wer muß das jetzt tun? Natürlich war das lustige Hin und Her ein heiteres Geplänkel. Aber war es *nur* ein heiteres Geplänkel? Es schlich sich heimlich ein kleiner Streit hinein, der Streit um den Rang jedes einzelnen. Rangstreit. Wer muß das jetzt tun? Es war nicht nur eklig, so etwas wegzumachen. Es war auch ehrenrührig. Es rührte an die eigene Ehre. Darum dauerte es ziemlich lange, bis sich einer fand.

Unser Verhältnis zum Dienen ist zwiespältig. Die eine Seite des Zwiespaltes: Wir dienen nicht gern, wenn es uns klein macht.

Die andere Seite des Zwiespalts: Wir dienen gern, wenn es uns groß macht.

Dazu die zweite Begebenheit: Wir waren ins Konzert gegangen. Beethovens fünfte Sinfonie sollte in der schönen Konzerthalle erklingen. Plakate hatten es lange vorher angekündigt. Seltsam, der beherrschende Name darauf war nicht etwa der des Komponisten, der doch die Sinfonie geschaffen hatte. Der beherrschende Name auf allen Plakaten war der Name des Dirigenten, als sei *er* der wahre Meister.

Da trat er durch die Tür, unter die Augen des galaverwöhnten Publikums. Er ging nicht sogleich ans Notenpult, o nein. Da war ein Geländer. Er lehnte sich leicht dagegen, machte eine einladende Handbewegung, als wollte er sagen: »Hier habt ihr mich. Nun betet mich an!« Beifall brauste auf. »Wie lange willst du da noch stehen bleiben?« dachte ich. Mit Grandezza flog er endlich zur Partitur. Applaus, Applaus.

Wurde hier wirklich noch dem Werk gedient, diente er wirklich noch der Musik? War nicht eher alles von denen, die dienen sollten, darauf angelegt, zu herrschen und zu beherrschen?

Unser Verhältnis zum Dienen ist zwiespältig: Wir dienen nicht gern, wenn es uns klein macht. Wir »dienen« aber gern, wenn es uns groß macht.

Das Wort »dienen« begegnet uns oft im Neuen Testament. Im griechischen Urtext heißt es »diakonia«. Wir erkennen unschwer das Wort »Diakonie« darin. »Diakonia« hat zwei verschiedene Bedeutungen.

Zum einen meint es den Dienst, der ernsthaft, beharrlich getan wird, bis eine Aufgabe vollendet ist. Es meint ein unbeirrbares Sichhineingeben in einen Dienst, so daß am Ende gesagt werden kann: »Es ist vollbracht.« Dieses Wort unseres Herrn am Kreuz hat man mit Recht das »Siegel der Treue Jesu« genannt.

Anderseits beschreibt das Wort »diakonia« Demut und Niedrigkeit. Wörtlich heißt es nämlich: Durch den Staub! Wer dient, achtet nicht auf die eigene Ehre. Er dient nicht um seinetwillen. Sonst wäre das Dienen ein heimliches Herrschen. Wer im Sinne der »diakonia« dient, verzichtet darauf zu herrschen. Er beugt sich, demütigt sich. Er achtet andere höher als sich selbst. Er geht durch den Staub.

Diese beiden Saiten also klingen an, wenn wir das biblische Wort »dienen« sagen: Unwandelbare Treue und Niedrigkeit.

Wenn wir unser zwiespältiges Verhältnis zum Dienen noch einmal bedenken, so müssen wir sagen: Das Dienen, wie es im

Neuen Testament gemeint ist, liegt uns nicht besonders. Uns widerstrebt zu dienen, aber uns reizt zu herrschen. Es ist eine Urleidenschaft des Menschen, daß er sich gern erheben, daß er gern Macht haben und Macht ausüben möchte. Wir möchten wohl groß sein und sind nicht gerne klein.

Mein dreijähriger Sohn protestiert heute schon, wenn jemand sagt: »Ach, sieh einmal, der süße Kleine.« Jedesmal korrigiert er erbittert: »Ich bin nicht klein! Ich bin groß!«

Wir möchten nicht klein sein. Wir *ver*achten die Niedrigkeit mehr als wir sie achten. Wir wollen Größe und Glanz. Was Wunder, daß darum auch viele religiöse Formen der Menschen dieses Gepräge haben.

Religion ist in gewisser Weise der Versuch des Menschen, sich an Gottheiten emporzuheben, erhebende Gefühle zu haben, erhabene Gedanken zu denken. In der Tat, all das bieten die Religionen, denn ihre Götter sind erhebend, und erhaben sind sie auch. Nicht, daß wir echte Religiosität verachten wollen, im Gegenteil. Aber es gibt eine Religiosität, die menschlichen Herrschertrieb ungebrochen widerspiegelt.

Ein Blick in die antike Welt macht das deutlich. Man hat sie die Welt ohne Liebe genannt. Bei den Griechen mit ihren vielen Göttern galt das Dienen als etwas Minderwertiges. »Wie könnte denn ein Mensch glücklich sein, der irgendeinem dienen muß?« sagten die Sophisten. Sklaven dienen. Sie stehen auf der untersten Stufe, ganz nahe beim Tier.

In diese antike Welt, die sich bis heute in den Herzen der Menschen widerspiegelt, bricht plötzlich eine Botschaft ein, die alle Wertmaßstäbe über den Haufen wirft. Es ertönt das Evangelium, Evangelium aber ist die frohe Botschaft, daß Gott uns dient. »Des Menschen Sohn ist nicht gekommen, daß er sich dienen lasse, sondern daß er diene und gebe sein Leben . . .«. Angelegt war das schon im Alten Testament, wenn Gott sagt: »Du hast mir Arbeit gemacht mit deinen Sünden und hast mir Mühe gemacht mit deinen Missetaten« (Jes. 43,24). In einer Welt, die das Dienen verachtet, erklingt das Lied von der Hoheit des Dienstes.

Im Brief des Paulus an die Philipper ist es uns wohl am klarsten gesagt:

»Ein jeglicher sei gesinnt, wie Jesus Christus auch war: welcher, ob er wohl in göttlicher Gestalt war, hielt er's nicht für einen Raub, Gott gleich zu sein, sondern entäußerte sich selbst und nahm Knechtsgestalt an, ward gleich wie ein anderer Mensch und an Gebärden als ein Mensch erfunden; er erniedrigte sich selbst und ward gehorsam bis zum Tode, ja, zum Tode am Kreuz. Darum hat Gott ihn auch erhöht und hat ihm einen Namen gegeben, der über alle Namen ist, daß in dem Namen Jesu sich beugen sollen aller derer Knie, die im Himmel und auf Erden und unter der Erden sind, und alle Zungen bekennen sollen, daß Jesus Christus der Herr sei, zur Ehre Gottes des Vaters« (Phil. 2,5–11).

Die Botschaft des Sohnes Gottes wirft alles bisherige Denken und Wollen um. Mit ihr ist den Menschen eine Richtung angezeigt, die ihrer Gesinnung strikt zuwiderläuft: von der Gottesgestalt in die Knechtsgestalt, von der Höhe in die Tiefe, von der Größe in die Niedrigkeit.

Hier beginnt die Zumutung! Von Gott erwartet man, daß er groß und erhaben ist. An seiner Größe möchten wir uns erheben, möchten uns groß machen, Gott entgegen, ihm ähnlich sein. Wir möchten Gott entsprechen und mit Leidenschaft groß werden. Er aber muß unserer Leidenschaft entsprechen und stets groß bleiben. Wir haben ein Interesse daran, daß Gott groß ist: »Bleib, der du bist. Bleib, wo du bist! Bleib in dem Bild, das wir gern von dir haben. Fall nicht aus dem Rahmen!« Wir möchten einen erhabenen, großen Gott. Er gäbe ein erstrebenswertes Ziel für uns ab. Wir wollen nicht Gottes Niedrigkeit. Sie bietet kein lohnendes Ziel.

Es gibt eine seltsame Szene im Neuen Testament. Jesus und seine Jünger waren in ein Haus gegangen, um das letzte Abendmahl miteinander zu halten. Nach jüdischer Sitte mußte eine Fußwaschung erfolgen, zu der gewöhnlich ein Diener bereitstand. Da sie keinen Diener bei sich hatten, werden sie sich wohl gegenseitig angeschaut haben: »Wer muß das jetzt tun?« Petrus denkt vielleicht: »Andreas«, Andreas denkt: »Levi«, Levi denkt: »Johannes«. Jeder achtet auf seine Ehre: »Für solchen Sklavendienst gebe ich mich nicht her!«

Da steht Jesus auf, gießt Wasser in ein Becken und kniet sich in den Schmutz vor seine Jünger. Er fängt an sie zu reinigen, ihnen den Staub von den Füßen zu waschen. Der *Herr* erniedrigt sich vor ihnen. Er tut den ehrenrührigen Sklavendienst.

Damit weist uns Gottes Sohn auf eine Voraussetzung des Dienens: Wer dienen will, muß absehen von sich selbst. Wer dienen will, darf sich selbst nicht mehr gehören. Er muß Gott gehören. Wer Jesus nachfolgen will, muß ihm gerade hierin nachfolgen: Er muß ein Diener sein. Wer Jesus angehören will, der erniedrige sich selbst und nehme Knechtsgestalt an.

Dann kniet Jesus vor Simon Petrus. Der aber protestiert: »Herr, solltest du mir meine Füße waschen? Nimmermehr sollst du mir die Füße waschen!« Petrus hat ein »gesundes« natürliches Empfinden: »Bei allem, was recht ist, das geht zu weit. Der Herr soll uns dienen? Das wirft alles über den Haufen. Das ist unmöglich! Wenn hier einer jemanden die Füße wäscht, Jesus, dann ich dir. Jesus, Gottes Sohn, das laß ich nicht zu. Du darfst nicht klein werden an mir, umgekehrt muß es sein: Ich möchte groß werden an dir. Dazu aber brauche ich einen großen Gott und nicht einen, der sich vor mir in den Staub legt. Dazu brauche ich einen erhabenen Gott und nicht einen niedrigen.«

So sind wir Menschen. Uns imponiert das Erhabene. Will Gott uns imponieren, dann muß er schon erhaben bleiben. Anders wird er wenig Anerkennung unter den Menschen finden.

Ob wir Menschen religiös sind oder nicht, die Sucht nach Erhabenheit und Größe geht uns mehr oder minder allen durch die Seele. Jeder macht sich gern ein bißchen besser, als er ist – Gott entgegen. Jeder macht sich gern ein bißchen bedeutender als er ist – Gott entgegen. Jeder macht sich ein bißchen größer als er ist – Gott entgegen. Zieht es uns nicht alle in die Höhe? Wir sind süchtig nach Größe und Göttlichkeit. Und je näher wir ihr kommen, um so entfernter sind wir von Gott.

Wovon spricht die Bibel, wenn sie von Gott spricht? Von einer armseligen Gestalt, von einem Menschen, der nichts sichtbar Göttliches an sich trägt, der sich aller Göttlichkeit und Erhabenheit entledigt. Das ist die große Zumutung: Wir haben einen dienenden Gott. Er hielt seine Göttlichkeit nicht fest, wie man einen Raub festhält. Er verließ die göttliche Höhe, um uns ganz nahe zu sein in der tiefsten Tiefe – in unserer Tiefe.

Während die Schrift unseren Blick auf die Niedrigkeit lenkt, in der Gottes Sohn sich mit unserem Staub befaßt, ist alles menschliche Streben nach Größe und Höhe als widergöttlich entlarvt. Wer sich auf den Gottesbegriff der Bibel einläßt, sieht sich in die Tiefe geführt. Hier in der Tiefe aber, beginnt sein Dienst, in unserer Tiefe.

»Was ich tue, das weißt du jetzt nicht; du wirst es aber hernach erfahren«, sagte Jesus zu Petrus. »Hernach«, das war, als der Herr ans Kreuz ging, um eine verlorene Welt reinzuwaschen mit seinem Blut. »Das Blut Jesu Christi, des Sohnes Gottes, macht uns rein von aller Sünde.« Das ist sein Dienst. Er beginnt in unserer Tiefe, im Sündenelend, in der Schuld dieser Welt.

Das ist der Makel, der an den Christen klebt. Sie haben einen Herrn, der zum Knecht geworden ist. Sie haben einen König, der zum Sklaven wurde, einen Gott, der an einem Galgen hängt. Das aber ist der Glanz, der von diesem Knecht Gottes ausgeht: Der Mann von Golgatha beugt sich in unser Elend und sagt: »Wo dich keiner mehr lieben kann, will ich dich ewiglich lieben. Wo dich niemand mehr will, nehme ich dich doch an. Wo dich die Sünde verwundet hat, so daß es dich selber ekelt, da will ich meine Hand darauf legen. Wo dir der Schmutz eines ungeheiligten Lebens anhaftet, da will ich dich reinigen. Wie ein Sklave will ich sein, ein Knecht, der dir den Staub von den Füßen wäscht«.

Das nun ist die allererste Voraussetzung in der Nachfolge Jesu: *Wer im Reiche Gottes dienen will, dem muß zuvor selber gedient sein.* Wir müssen bereit sein, uns von Jesus immer wieder dienen zu lassen. Wir müssen es ihm erlauben, daß er sich in unsere Lebenstiefen hineinbeugt, um dort sein heilendes Werk zu tun. Weil

Gott ein dienender Gott ist, ist es sein Wille, uns zu dienen. Anders haben wir keine Gemeinschaft mit ihm.

Wie wollen wir es halten? Wollen wir wie Petrus sagen: »Nimmermehr sollst du mir die Füße waschen«?

Jesus antwortete ihm: »Werde ich dich nicht waschen, so hast du kein Teil an mir.« Wenn ich dir nicht dienen darf, dann hast du keine Gemeinschaft mit Gott. Gott ist unter den Menschen ein Gott, der dient.

Wer den reinigenden Dienst Gottes nicht will, der will Gott nicht. Und wer sich für rein hält, braucht Gott nicht. Jesus ist nicht für die Reinen am Kreuz gestorben, sondern für die Unreinen.

Niemand kann auf die Dauer im Dienste Jesu stehen, der sich nicht zuvor von ihm hat helfen lassen. Wem unser Herr aber geholfen hat, den stellt er in den Dienst, damit er anderen helfe.

2. Die hohe Würde: Gottes geliebte Mitarbeiter

Gott ist ein dienender Gott, weil er ein Gott ist, der liebt. So grenzenlos wie seine Liebe ist auch sein Dienst, und so verzehrend wie sein Dienst ist auch seine Liebe.

Gott ist ein liebender Gott. Alles, was Jesus für uns getan hat, sind göttliche Liebeserweise an uns. Alles, was die Schrift über den dienenden Gott sagt, sind Liebeserklärungen Gottes.

Gott dient Ihnen, weil er Sie liebt. Sobald Sie nicht mehr dienen, um nur sich selbst zu dienen, beginnt Ihre Liebe zu den Menschen. Sie können nur dienen, wenn Sie lieben.

Die Liebe und der Dienst sind ein uraltes Paar, das nicht geschieden werden kann. Beide gehen stets miteinander. Liebe kann nicht ohne Dienst sein und Dienst nicht ohne Liebe. Wo das eine sich vom anderen trennt, müssen beide sterben. Es gibt keine Liebe, die nicht zum Dienen drängt, und es gibt keinen wirklichen Dienst, der nicht in der Liebe seinen Beweggrund hat.

Ist Ihnen Gottes Liebe widerfahren, so ist Ihnen Gottes Dienst widerfahren. Sie selbst sind damit zum Schauplatz, zum Ort der

Liebe und des Dienstes Gottes geworden. Ist Gottes Liebe und Dienst an Ihnen geschehen, so tragen Sie von Stund an beides in sich und mit sich. Nun haben die Menschen Ihrer nächsten Umwelt die Chance, durch Sie zu erfahren, was Ihnen durch Gott widerfuhr.

Wie sollen Ihre Nächsten die Liebe Gottes und seinen Dienst erleben, wenn nicht durch Sie?

Gott hat kleine Oasen angelegt in der Wüste dieser Welt. Haben Sie seine Liebe erfahren, dürfen Sie die Quelle einer Oase sein, an der andere Wasser des Lebens finden. Gott hat kleine Lichter angezündet in der Dunkelheit. Haben Sie seine Liebe erfahren, dürfen Sie ein kleines Licht sein, das anderen die Richtung weist zum ewigen Licht. Gott hat kleine Inseln gegründet, Inseln der Ewigkeit im Meer der Zeit. Haben Sie die Liebe Gottes erfahren, dürfen Sie solch kleine Insel sein, an der ein Ertrinkender Halt findet und über den Halt Boden unter den Füßen.

Menschen, an denen Gott sein Werk tat, treiben das Werk Gottes unter den Menschen. Durch die Liebe derer, die sich von Gott lieben ließen, teilt Gott sich aus an die Welt. Weil Gott Liebe ist, teilt er Liebe aus. Gott tut es nicht unmittelbar. Er tut es immer durch ein Mittel. Menschen, die sich von Gott lieben ließen, werden zu Mittlern der Liebe Gottes. So wird der Dienst der Ewigkeit weitergereicht durch die Jahrhunderte von Generation zu Generation.

Durch die Liebe derer, die von Gott berührt sind, berührt Gott diese Welt.

Wo Sie im Sinne des Evangeliums dienen, werden Sie mit einer hohen Würde beschenkt: Sie sind Gottes geliebter Mitarbeiter. Damit liegt der Glanz der Ewigkeit auf Ihnen. Der ewige Gott will nicht ohne Ihren Dienst sein. Er will die Welt liebhaben – durch Sie.

Der Glanz der Ewigkeit, der über solchem Dienst liegt, ist für das menschliche Auge nicht sichtbar. Menschen sehen nur die Schmach, die Niedrigkeit, das Ehrenrührige, das Verächtliche, wenn sie dienen. Darum ist unser Gott ein verachteter Gott. Der

Knecht ist nicht höher als sein Meister. Wenn Sie im Dienste Gottes stehen, werden Sie keinen Ruhm bei den Menschen haben. Dennoch – über jedem Dienst im Namen Gottes liegt der Glanz der Ewigkeit. Seit des Menschen Sohn gekommen ist, um zu dienen, kann niemand mehr das Dienen verächtlich machen, ohne sich tief ins Unrecht zu setzen. Größe erweist sich nun in der Niedrigkeit. »Der Größte unter euch soll euer Diener sein« (Matthäus 23,11). Die Größe eines Menschen liegt von nun an im Dienst.

Wenn Sie sich entschließen, in den Dienst Jesu zu treten, dann stellen Sie sich in eine Segenslinie. Menschen haben vor Ihnen gedient. Durch ihren Dienst ist Gott Ihnen begegnet. Treten Sie in den Dienst, so wird es wiederum zu Gottesbegegnungen kommen. Vielleicht braucht Gott mehrere Menschen, um bei einem anzuklopfen. Es mag sein, daß dieser sein Leben erst nach Jahren Gott öffnet. Jedes »Anklopfen« aber hatte hier seinen Sinn. Es waren immer schon erste Berührungen mit Gott.

Stellen Sie sich in die heimliche Segenslinie der Ewigkeit! Empfangen Sie und geben Sie weiter! Darin besteht christlicher Dienst. Gott fordert von Ihnen nichts, was er Ihnen nicht vorher gibt.

Seltsames ist zu vermelden: Segen vermehrt sich nicht dadurch, daß wir ihn behalten. Segen vermehrt sich dadurch, daß wir ihn weitergeben.

Im Jordantal liegt das Tote Meer. Es ist interessant, darin zu baden: Man schwimmt immer auf der Oberfläche und gelangt nicht in die Tiefe. »Totes Meer« ist ein eigenartiger Name, aber er besteht zu Recht. In diesem Gewässer befindet sich kein lebendiger Fisch, keine lebendige Pflanze. Alles ist tot. Dieses Meer wird Tag für Tag vom lebendigen Wasser des Jordans gespeist. Aber kaum ist das Leben in ihm, da stirbt es schon ab.

Weiter im Norden des Landes liegt der See Genezareth, der See, in dem Petrus schon vor fast zweitausend Jahren seinen großen Fischzug tat. Der See Genezareth wimmelt von Leben. Bis heute werfen die Fischer dort ihre Netze aus. Im See sind auch viele Pflanzen, und von weitem sieht man schon, wie es um ihn herum grünt und blüht. Der See Genezareth ist ein quicklebendiges Gewässer. Das Tote Meer aber ist tot.

Woher kommt der Unterschied?

Das Tote Meer nimmt an seiner Nordseite das Wasser des Jordans auf. Aber es gibt nirgendwo einen organischen Abfluß. Das überschüssige Wasser verdunstet lediglich in der heißen Sonne. Weil das Meer von dem, was es empfängt, nichts weitergibt, ist in ihm alles tot. Totes Meer.

Der See Genezareth empfängt an seiner Nordseite ebenfalls das Wasser des Jordans. An seiner Südseite aber gibt er dieses Wasser weiter. Der Jordan mit seinem lebendigen Wasser wird nicht festgehalten. Er fließt gewissermaßen durch den See hindurch. Gerade darum aber wimmelt dieser voller Leben. Er nimmt und gibt weiter. Das ist das Lebensprinzip in der Natur wie auch im Reiche Gottes.

Sind Sie Totes Meer oder See Genezareth? Geben Sie weiter, was Sie empfangen, oder behalten Sie alles für sich?

Ist es so schwer, Empfangendes weiterzugeben? Vielleicht gehört dazu eine Grundentscheidung, die Sie vor Gott treffen sollten. Bitten Sie Gott: »Laß mich ein Segen sein. Setz mich für andere zum Segen und laß nicht zu, daß ich anderen zum Fluch werde!«

Nehmen Sie für Ihr Leben bewußt diese Gott und den Menschen gleicherweise zugewandte Grundhaltung ein.

Wie kann unser Dienst nun aussehen?

So verschieden die Gaben sind, die Gott gibt, so verschieden sind auch die Aufgaben. Es ist nicht entscheidend, wie groß und bedeutend unsere Dienste sind. Wir wollen ja dienen und nicht herrschen. Entscheidend ist, ob unser Dienst aus liebendem Herzen und in Treue getan wird. Es sind gerade oft die kleinen Dinge, an denen sich erweist, ob Menschen bereit sind, zu dienen oder nicht.

Der Dichter Manfred Hausmann* beschreibt einmal an dem un-

* Manfred Hausmann »Einer muß wachen«, Neukirchener Verlag, S. 121 f.

scheinbaren Beispiel, wie eine Krankenschwester einem Patienten das Essen darreicht, ob sie wirklich mit Liebe dient oder ob sie nur kalten Servis, kalte Bedienung ableistet.

»Da setzt also die Schwester einem Kranken das Frühstückstablett mit einem ermunternden Wort auf die Bettdecke. Der Kranke braucht nur einen Blick auf das Tablett zu werfen, um zu wissen, mit wem er es zu tun hat, mit einer bedienenden oder mit einer dienenden Schwester. Man sollte meinen, es genüge, daß alles, was der Arzt diesem Kranken zum Frühstück verordnet hat, auf dem Tablett versammelt ist. Aber der Kranke weiß es besser. Er erkennt sofort, ob die Schwester routinemäßig gearbeitet oder ob sie sich liebend, erkennend und dienend in seine Lage versetzt und sich die Anordnung der verschiedenen Dinge dementsprechend überlegt hat. Die Arbeit des Aufteilens ist beide Male die gleiche, aber die Wirkung ist eine durchaus andere. Muß er die Kaffeekanne und das Milchkännchen erst umdrehen, damit er die Griffe mit seiner Rechten erfassen kann; muß er das Buttertellerchen mehr nach rechts rücken, weil es dort, wo es jetzt steht, hinter der Kaffeekanne nämlich, für das Messer unerreichbar ist; muß er das Honigschälchen erst vom hinteren Rand des Tabletts dicht an den Teller ziehen, damit der Weg des tropfenden Löffels vom Schälchen zum Brot möglichst kurz ist; muß er das Knäckebrot, das er doch immer zuerst nimmt, erst unter den Grau- und Schwarzbrotscheiben hervorziehen? Wenn es sich so verhält, dann kann einem Kranken, ohne daß er sich über die Ursache klar ist, der ganze Tag, wenn auch nicht verdorben, so doch getrübt sein. Es sage nur niemand, das seien Kleinigkeiten, über die zu reden, sich nicht lohne. Aus solchen Kleinigkeiten setzt sich das Leben eines Kranken zusammen. Und solche Kleinigkeiten, die für ihn keine sind, entscheiden darüber, ob er sich in diesem Hause als ein Fall unter Fällen fühlt oder als ein Mensch, dessen Menschlichkeit, dessen Besonderheit beachtet und geachtet wird. An solchen Kleinigkeiten zeigt es sich, ob eine Schwester sich mit dem Kranken solidarisch fühlt, ob sie seine Mühsal zu der ihren macht, ob sie ihn erkennt, ob sie mit ihm leidet, ohne Sentimentalität natürlich, ob sie ihm dient. Nicht nur an solchen Kleinigkeiten, aber vorwiegend an ihnen.«

Gott liebt das Kleine, das Unscheinbare, das Geringe. Das Laute, Demonstrative, Protzige findet nicht sein Wohlgefallen. »Das Unedle vor der Welt und das Verachtete hat Gott erwählt und das da nichts ist, daß er zunichte mache, was etwas ist, auf daß sich vor ihm kein Fleisch rühme« (1. Kor. 1,28.29).

Nach dem, was wir über die Gemeinde gesagt haben, ist uns deutlich geworden, daß es ein isoliertes Christsein normalerweise nicht gibt. Darum kann unser Dienst auch nicht von der Gemeinde isoliert getan werden. Es gibt viele Dienste, die in der Gemeinde selber vonnöten sind. Leider sind die Leiter vieler Gemeinden – besonders im Raum der Landeskirchen habe ich das erlebt – vielfach recht einfallslos, so daß sie für geistliche Mitarbeiter gar keine Verwendung sehen. Das ist eine große Not.

Junge Christen, das ist naheliegend, werden ihr geistliches Arbeitsfeld besonders unter den jungen Menschen ihres Ortes finden. Ich habe Jugendkreise erlebt, die ohne jede pfarramtliche Initiative entstanden sind. Junge Christen ließen sich durch eine tote Ortsgemeinde nicht daran hindern, selber lebendig zu sein.

Viele Kinder in unseren Dörfern und Städten wachsen heute in gänzlich unchristlichen Familien auf. Junge Christen sollten Kinder zu geistlichen Kinderstunden zusammenrufen, ihnen biblische Geschichten erzählen, ihnen Jesus Christus lieb und wert machen. Unendlich viel wäre da zu tun.

In den Kirchengemeinden werden Jahr für Jahr Hunderte von Jungen und Mädchen konfirmiert. Hinterher reißt der Kontakt zur Gemeinde – und damit auch oft zu Gott – wieder ab. Es muß so kommen, wenn sich die jungen Christen einer Gemeinde nicht um die Konfirmanden kümmern.

Jeder Ort hat alte, einsame Menschen, die Hilfe und Zuwendung brauchen. Man könnte einen Besuchsdienst für sie einrichten, im Rahmen der Gemeinde zu besonderen Nachmittagen einladen. Der liebenden Phantasie von jungen Christen sind auch hier keine Grenzen gesetzt.

Natürlich kommen nach solch praktischen Hinweisen schnell

manche Einwände.

»Ich habe so viel zu tun und so wenig Zeit.« Wer keine Zeit für den Dienst hat, hat auch keine Zeit für die Nächstenliebe. Wem für die Nächstenliebe die Zeit fehlt, ist dabei, sein Leben zu verfehlen. Wir haben darüber oben schon einiges gesagt.

Manche meinen, sie könnten immer nur wenige erreichen, weil sie nicht begabt seien und solche Dienste schlecht täten. Wir sollten uns aber nie von Zahlen leiten lassen. Jesus hat gesagt, daß er als der gute Hirte dem einen verlorenen Schaf nachgeht und die Masse der 99 stehen läßt.

Sie meinen, daß Sie Ihren Dienst schlecht tun? Wissen Sie, wann Sie anfangen, ein schlechter Diener zu sein? Wenn Sie glauben, ein guter zu sein. Wer von sich glaubt, er sei etwas, der ist nichts. Wer von sich glaubt, er sei nichts, der ist etwas. Geistliche Persönlichkeiten leben nicht von ihrer Kraft, sondern davon, daß Gottes Kraft in den Schwachen mächtig ist.

Wer bereit ist, dem Herrn der Ewigkeit darin nachzufolgen, ein Diener zu sein, der ist auch immer mehr bereit, auf Beifall, Applaus und billige Erfolge zu verzichten.

Es gibt manchmal unter jungen Mitarbeitern in den Gemeinden ein unschönes Gerangel um Rang und Ehren (unter alten übrigens auch). Beteiligen Sie sich nicht daran. Treten Sie lieber einen Schritt zurück. Ist Gott für dich, wer mag wider dich sein? Darum trachten Sie nie danach zu herrschen und Macht auszuüben – auch nicht im Kleinen. Seien Sie demütig vor Gott, aber kein Kriecher vor den Menschen. Feilschen Sie nicht um billige Ehre.

Je abhängiger Sie von Gott werden, desto unabhängiger werden Sie von den Leuten sein. Weder zersetzende Kritik noch schmeichelnder Applaus können Ihnen dann etwas anhaben. Erfolge machen Sie nicht überheblich. Mißerfolge können Ihnen die Freude nicht rauben, wenn Sie abhängig bleiben von Ihrem Herrn.

Vielleicht segnet Gott Sie in Ihrem Dienst. Da bleiben dann die Neider nicht aus. Sie werden hinter Ihrem Rücken ihre spitze Zunge regen. Sie werden erleben, daß der Neid selbst gebildete Leute plötzlich dumm macht. Sie bedienen sich der Verleumdung und des Rufmordes auf unwürdigste Weise. Beginnen Sie Ihre Neider zu lieben und Mitleid mit ihnen zu haben. Sie sind arm dran. Das böse Feuer, das in ihren Herzen lodert, setzt ihnen am meisten zu. Sie verbrennen daran.

Wenn wir unsere Ehre unter das Kreuz von Golgatha gelegt haben, dann ist sie für andere Menschen unangreifbar geworden. Es macht uns nicht krank, wenn andere uns kränken. Es tötet uns nicht, wenn sie zum Rufmord blasen.

Wenn Sie nicht mehr sich selbst gehören, so kann Ihnen auch nichts mehr genommen werden. Da reißen andere ihre Witze über Sie – und Sie lachen mit, lauter als alle anderen. Sie haben nichts mehr zu verlieren. Sie haben sich längst an Ihren Herrn verloren. Weil Sie damit aber alles gewonnen haben, können Sie es sich leisten, gelassen über den Dingen zu stehen.

Sie haben irgendwann total versagt? Sie brauchen nicht daran zu zerbrechen. Sie haben Ihren Zerbruch ja längst hinter sich! Ist Gott der Herr Ihrer Lage, so macht er Sie zum Herrn der Lage. Wenn Sie immer wieder nach dem Reiche Gottes trachten, so wird Ihnen alles andere zufallen. Dann müssen Ihnen alle Dinge zum Besten dienen. Alles muß sich in Segen verwandeln, auch Ihre Anfechtungen, auch Ihr Versagen, auch die Anfeindungen derer, die der Neid auffrißt.

Es geht darum, gesinnt zu sein, wie Jesus Christus es war. Fragen Sie nicht nach sich selbst – und man wird nach Ihnen fragen. Haben Sie den Mut, niedrig zu sein, zu dienen, Ihr Kreuz auf sich zu nehmen. Und dann gehen Sie Ihren Weg. Ihnen ist eine hohe Würde verliehen: Sie sind Gottes geliebter Mitarbeiter.

3. Der unvergleichliche Auftrag: Rettet den Menschen

> »Und Jesus ging umher in alle Städte und Märkte, lehrte in ihren Schulen und predigte das Evangelium von dem Reich und heilte allerlei Seuche und allerlei Krankheit im Volke.

Und da er das Volk sah, jammerte ihn desselben; denn sie waren verschmachtet und zerstreut wie die Schafe, die keinen Hirten haben.

Da sprach er zu seinen Jüngern: Die Ernte ist groß, aber wenige sind der Arbeiter. Darum bittet den Herrn der Ernte, daß er Arbeiter in seine Ernte sende« (Matthäus 9,35–38).

Da zieht der Sohn Gottes also durch die Städte und Märkte, lehrt in den Schulen, predigt das Evangelium und heilt kranke Menschen. Sein Blick fällt auf viele Leute. Da sind die Kranken und die Gesunden, die Schwachen und die Starken, die Alten und die Jungen, die Verzweifelten und die Stolzen. Als Jesus alle diese Menschen sieht, zerreißt es ihm das Herz. »Und da er das Volk sah, jammerte ihn desselben; *denn* sie waren verschmachtet und zerstreut, wie Schafe die keinen Hirten haben.«

Der Sohn Gottes ist unendlich bewegt.

»Warum Herr?« so müßte man fragen. »Sie sind doch nicht alle krank, sie sind auch nicht alle schwach oder alt oder verzweifelt. Viele sind gesund, stark und stolz. Wirf sie doch nicht alle in einen Topf. Du mußt besser unterscheiden, Herr!«

Er aber sagt: »Da ist kein Unterschied. Sie sind alle in der gleichen Verzweiflung, alle in der gleichen Not: Sie sind wie Schafe, die keinen Hirten haben.«

»Auch die Gesunden?«

»Ja, auch die Gesunden!«

»Auch die Starken, die Jungen und die Stolzen?«

»Ja, auch sie! Sie sind alle in der gleichen Not: Wie Schafe, die keinen Hirten haben.«

Was würde der Sohn Gottes wohl sehen und sagen, wenn er heute durch unser Land zöge? So könnte er doch heute nicht mehr urteilen – oder? Nach 2000 Jahren Kirchengeschichte sieht unsere Welt doch anders aus, jedenfalls unsere westliche Welt. Natürlich haben wir Kranke wie damals, aber inzwischen haben wir Krankenhäuser. Wir haben auch Alte, aber wir haben Altersheime. Wir haben auch Arme, aber wir haben Sozialämter. Wir sind in Deutschland ein Millionenvolk, aber wir haben Tausende von Pastoren, d. h. Hirten. Es ist Fürsorge getroffen auf allen Gebieten. Vieles ist inzwischen geregelt und geordnet – und es wäre Unrecht zu sagen, das sei alles nichts. Es ist heute wirklich vieles besser als es damals war. Wir leben alle davon, und wir sollten es dankbar anerkennen.

Seltsamerweise aber werden wir damit unser Bibelwort nicht los. Wir haben es schon angedeutet: Jesus meint mit den verschmachteten Schafen nicht nur die Kranken, er meint auch die Gesunden. Er meint nicht nur die Schwachen, er meint auch die Starken. Nicht nur an die Alten denkt er, er denkt auch an die Jungen. Er hat nicht nur die Verzweifelten im Auge, er sieht auch auf die Stolzen, als er spricht. Er meint nicht nur die Armen, er meint auch die Reichen. Vor den Augen des Sohnes Gottes ist da kein Unterschied.

Jesus sieht nicht nur, was vor Augen ist. Er sieht tiefer. Es gibt ein Elend, das durch irdische Vollkommenheit und irdisches Glück nicht einfach beendet oder aufgehoben wird. Durch alle *irdische Vollkommenheit* sieht Jesus hindurch auf ein tiefes Elend. Es ist so groß, daß es ihm das Herz zerreißt. Aber auch *irdische Not* kann seinen Blick von dieser ganz anderen Not, dem ganz anderen Elend nicht ablenken.

Was ist dieses ganz andere Elend?

Es ist das Elend, daß die Menschen – die Gesunden und die Kranken, die Starken und die Schwachen angesichts der Ewigkeit verloren gehen.

Gottes Sohn sieht heute nicht nur die Not, daß die Menschen der dritten Welt nichts zu essen haben. Er sieht die Not, daß diese Menschen den guten Hirten nicht haben. Und der Reichtum der Industrienationen hindert ihn nicht, durch alle glitzernden Fassaden hindurch zu sehen, wie arm wir in Wirklichkeit sind. Es mutet an, als seien wir nur noch dem Lebensstandard verpflichtet, ständig dem Zwang unterworfen, Erfolge zu haben und Leistungen zu erbringen. Sich ständig drehen zu müssen um die eigene Mitte und nicht mehr wissen, daß die Mitte dieser Welt Jesus Christus ist, das ist eine riesengroße Not. Das ist das ganz andere Elend. Menschen, die nichts mehr wissen von der Ewigkeit, die den guten Hirten nicht kennen, sind elende Menschen, auch wenn es ihnen äußerlich großartig geht.

Hier liegt die eigentliche Not: Wenn es ein ewiges Leben gibt, dann ist kein Elend, keine Verzweiflung größer als die, daß Menschen diese Ewigkeit verfehlen.

»Und da er das Volk sah . . .«, da sah er mehr als alle anderen zu sehen vermochten, da sah er durch äußeren Glanz und durch äußeres Elend hindurch. Was er sieht, als er in die Tiefe menschlichen Elends blickt, erfüllt ihn mit Leid und großer Barmherzigkeit.

Weil unseren Herrn das Elend der Menschen bewegt, soll es auch uns – seine Jünger – bewegen. Es soll uns bewegen *um Jesu willen.* Es ist von entscheidender Bedeutung, ob wir uns in unserem Dienst in erster Linie von der Not Gottes oder von der Not der Menschen leiten lassen.

Gibt es denn eine Not Gottes? Ja, es ist die Not des Vaters um seinen verlorenen Sohn. Gottes Not besteht darin, daß Menschen verlorengehen könnten. Darum hat er seinen Sohn gesandt, »zu suchen und zu retten, was verloren ist«. Wer sich an dem Mitleiden Jesu orientiert, der erst begreift die Schwere und Tiefe der menschlichen Not.

Wer sich aber an der menschlichen Not orientiert, der ist immer nur an die äußeren Nöte gewiesen. Daß diese oft schwer sind und unbedingt der Abhilfe bedürfen, steht außer Frage. Aber wenn der Mensch nichts von seiner Verlorenheit vor Gott weiß, so weiß er auch nichts von seiner eigentlichen Not. Wenn Jünger Jesu die eigentliche Not der Menschen nicht mehr kennen, so setzt ihre Hilfe und ihr Dienst aufs Ganze gesehen zu flach an. Wenn Jünger Jesu ihren Dienst recht begreifen wollen, so müssen sie ihn von Gott her begreifen und nicht von den Menschen. Ein kleines Beispiel mag uns das verständlich machen.

Vor einigen Jahren schenkte ich einem meiner Söhne einen Fußball. Er war glücklich und spielte, spielte, spielte. Eines Tages ging er mit traurigen Augen durch die Wohnung.

»Was ist?« fragte ich.

»Er ist weg«, sagte er.

»Wer ist weg?«

»Mein Ball!« und dann flossen unaufhaltsam die Tränen. Der kleine Kerl war in Aufruhr und Bewegung. Es war, als hätte er ein Stück von sich selbst verloren.

»Komm«, sagte ich, »wir wollen ihn suchen.«

Warum habe ich mitgesucht? War mir der Ball so viel wert? Nein, ich habe mitgesucht, um die Sorge des Jungen zu beenden, um seinen Aufruhr still werden zu lassen. Es ist nämlich unerträglich, wenn jemand in Not ist, den man liebt. Da konnte ich auch nicht mehr kalt räsonieren: »Da hättest du eben besser aufpassen müssen.« Die Sorge war zu schwer, der Schmerz war zu groß. Alles drehte sich bei mir um die Sorge und die Not meines Kindes. Darum habe ich mitgesucht.

Ähnlich ist es im Dienst und in der Sendung Gottes. Das Alte und Neue Testament sind gewissermaßen das Dokument einer Not, das Dokument eines inneren Aufruhrs. Gott selbst ist in Aufruhr und Not: »Ja, mir hast du Arbeit gemacht mit deinen Sünden und hast mir Mühe gemacht mit deinen Missetaten. Ich, ich tilge deine Übertretungen *um meinetwillen* und gedenke deiner Sünde nicht« (Jes. 43,24–25). »Kann ein Weib ihres Kindes vergessen, daß sie sich nicht erbarme über den Sohn ihres Leibes? Und ob sie desselben vergäße, so will ich doch dein nicht vergessen. Siehe in die Hände habe ich dich gezeichnet« (Jes. 49,15). »Und als er nahe hinzukam, sah er die Stadt an und weinte über sie und sprach: Wenn du doch auch erkenntest zu dieser deiner Zeit, was zu deinem Frieden dient. Aber nun ist es vor deinen Augen verborgen« (Luk. 19,41–42). »Oder welches Weib ist, die zehn Groschen hat, so sie der einen verliert, die nicht ein Licht anzünde und kehre das Haus und suche mit Fleiß bis daß sie ihn finde« (Luk. 15,8).

Alles dreht sich um die Not Gottes. Gott ist auf der Suche. Sein Problem ist zu lösen und nicht das des verlorenen Groschen. So kommt im Gleichnis die Menschheit weg. Mehr ist die ganze Weltgeschichte nicht, ein verlorener Groschen.

Um Gottes Willen geht es, wenn wir uns senden lassen. Besonders wird das deutlich im Missionsbefehl Jesu: »Mir ist gegeben alle Gewalt im Himmel und auf Erden. *Darum* gehet hin und lehret alle Völker und taufet sie im Namen des Vaters und des Sohnes und des Heiligen Geistes« (Matthäus 28,18–19).

Weil *ihm* alle Gewalt gegeben ist, darum sollen *wir* uns senden lassen. Da ist ein Aufruhr in Gott. Das ist das Problem, das zu lösen ist: Die Welt um Gottes willen, um Jesu willen, retten für die Ewigkeit. Aus der Lösung dieses *einen* Problems erwächst die Lösung der vielen anderen Probleme. Christen, die nicht mehr von Gottes Problem getrieben werden, müssen zwangsläufig in ihren eigenen Problemen ertrinken. Sage mir, wie sehr du dir die Sorge Gottes auf die Seele binden läßt, und ich sage dir, wie viel oder wie wenig Privatprobleme du hast.

Warum konnte Paulus solch ein unabhängiges Leben führen? Im Gefängnis schreibt er einen Brief, den man später den Freudenbrief nennt, weil die Freude darin das Hauptthema ist. Eigentlich hätte man sagen müssen: »Mensch, Paulus, denk an deine Probleme, du sitzt im Knast. Das ist schrecklich.« Paulus aber sagt: »Ich habe nur ein Problem: Wie kann ich proklamieren, daß Jesus der Herr ist?« Dem Paulus konnte das Gefängnis nichts mehr anhaben. Er war längst mit Christus gestorben. Er suchte nicht mehr seine eigene Ehre. Er suchte Gottes Ehre. Nur solche Leute schreiben Freudenbriefe im Gefängnis.

Warum ist es ein echter und notwendiger Gegensatz zu allen sozialen Imperativen, wenn man nach Gottes Ehre und seiner Not fragt?

Wo in erster Linie nach dem Menschen gefragt wird, da geschieht unter der Hand, daß der Mensch sich mit seinen Problemen absolut setzt. Das Geschöpf hat immer die Neigung sich von seinem Schöpfer zu lösen. Der gottlose Mensch diktiert uns unversehens seine Probleme. Man hat zwar den Menschen gewonnen, aber Gott verloren. Wo man aber Gott verliert, da ist der Gewinn des Menschen nur ein Scheingewinn. Der Mensch, die Gesellschaft, wird plötzlich zum Götzen, dem gedient werden muß. Der gottlose Mensch schreibt vor, wie und wo ihm gedient wird. Damit verliert sich aber das Hauptproblem des Menschen schnell aus den Augen. Ob er es weiß oder nicht, daß ist sein Problem: Er ist verloren ohne Gott. Er hat keinen Frieden mit Gott. Darum kommt er z. B. auch mit seiner sozialen Frage nicht klar. Denn nicht über die Lösung der sozialen Frage kommt der Mensch zur Versöhnung mit Gott, sondern über die Versöhnung mit Gott kommt er auch zur Lösung der sozialen Frage.

Junge Christen stehen vor der Frage, ob sie sich das Problem Gottes auf die Seele binden lassen wollen. Sind wir bereit, um Gottes Willen in die Sendung, in die Mission unseres Herrn einzutreten? Sind wir bereit, uns Gedanken zu machen, wie wir unseren Zeitgenossen das Evangelium so sagen, daß sie es verstehen? »Das Wort ward Fleisch«, d. h. auch, es ist verstehbar geworden. Sind wir bereit, in unseren Gemeinden Strukturen zu schaffen, die der Verkündigung nicht entgegenstehen? Sind wir bereit aus dem Trott der Mittelmäßigkeit herauszukommen?

Das ist die große Lüge in unseren Gemeinden, daß wir die Mittelmäßigkeit in der Kirche vergoldet haben. Für eine langweilige Sache zu sterben ist noch nie jemand bereit gewesen, am allerwenigsten Gottes Sohn. Dafür stirbt man nicht. Wenn in unseren Gemeinden Langeweile dominiert, dann ist das Betrug an Gott und den Menschen, zu denen wir gesandt sind.

Jesus war nicht mittelmäßig. Er war außergewöhnlich. Jesus war nicht langweilig. Er war erregend. Jesus war nicht lau oder kalt. Er war wie eine heiße Glut. Aber seine Durchschnittschristen von heute glühen nicht mehr. Man bekommt in der Nähe ihrer eingefrorenen Freundlichkeit eine Gänsehaut. Es scheint so, als hätten viele unserer Kirchenchristen die eine große Angst, im Glauben über das Übliche hinauszukommen.

Der gewohnte »christliche Trott« ist in vielen Gemeinden und Jugendkreisen zu einem Tabu, einem unantastbaren Heiligtum geworden. Wer die Friedhofsruhe in der Gemeinde verletzt, wird sofort als Sektierer verschrien. So weit sind wir in der evangelischen Kirche schon gekommen: Wenn einer so Christ ist, daß es nicht mehr verborgen bleibt, dann meint man, das sei Sektiererei.

Ich habe erlebt, daß junge Leute von ihren kirchlichen Eltern als fanatisch bezeichnet wurden, nur weil sie anfingen, die Bibel zu lesen und ihren Glauben zu bekennen. Weh dem, der über das Übliche hinausgeht. Aber dieses »christlich Übliche« ist schrecklich in seiner Langweiligkeit.

Das hat Jesus nicht gemeint. Er wollte Beter, er wollte Jünger. Er wollte Kämpfer, die ihr Leben hineinwerfen in die Kampfarena des Glaubens. Er wollte Leute, die nicht mehr nach sich selbst fragen. In jeder Generation sucht er nach jungen Leuten, die bereit sind, die Stafette des Evangeliums in die Hand zu nehmen und zu kämpfen und zu laufen. Er will uns heute, wo wir leben, und nicht morgen, wenn wir gestorben sind.

Worauf warten wir noch? Junge Christen sind gesandt zu ihrer Generation. Warum werfen wir uns nicht in die Kampfarena von Mission und Diakonie? Warum kämpfen wir nicht mehr für unseren Herrn?

Unser Leben steht unter einer seltsamen Spannung. Ein wenig davon haben wir empfunden, als wir über den Umgang mit unserer Zeit nachdachten. Unsere Zeit ist einmalige Zeit. Unsere Tage stehen unter der Spannung: Jetzt oder nie.

Erinnern wir uns an die Olympiade! 4 x 100-Meter-Staffel. Startschuß! Die Läufer jagen über die Aschenbahn. Stafettenwechsel – geklappt. Jetzt laufen andere. Sie holen alles aus sich heraus. Wieder Stafettenwechsel – wieder geklappt. Deutschland liegt knapp in Front. Das Stadion kocht. Gleich kommt der letzte Wechsel. Der beste Deutsche packt die Stafette. Nun gilt es: Jetzt – oder nie! – Plötzlich! Ein Schrei aus tausend Kehlen: »Nein!« Etwas Entsetzliches spielt sich auf der Kampfbahn ab: Unser Mann bekommt den Stab gut in die Hand und – bleibt stehen. Er läuft nicht los. Unfaßbar! Es ist zum Heulen. Er verschenkt die Medaille. Er verschenkt einen großen Sieg.

Können wir uns vorstellen, daß es so etwas wirklich gibt? Nein, das ist unmöglich. Niemand verschenkt einen Sieg. Da beschleicht mich ein unheimliches Gefühl: Ist das Unmögliche nicht unter uns Christen an der Tagesordnung? Wieviele Siege für unseren Herrn werden heute durch uns verschenkt. Jesus hat uns in die Kampfarena des Glaubens geworfen. Er hat uns mit seinen Siegeskräften ausgestattet. Aber wir stellen uns ihm nicht zur Verfügung. Wir kämpfen nicht. Wir lassen andere kämpfen. Wir laufen nicht. Wir lassen andere laufen. Wir nutzen nicht seine große Kraft.

Es gibt nur ganz bestimmte Augenblicke für den Läufer auf der Aschenbahn. Jetzt, wo er die Stafette packt, jetzt muß er laufen. So etwas kann man nicht aufschieben. Sein Kampf steht unter der Spannung »jetzt oder nie«. Unter dieser gleichen Spannung spielt sich unser Leben als Christen ab. Jetzt – oder nie. Was wir in dieser Zeit nicht für Jesus tun, das wird in Ewigkeit nicht getan. Viele Menschen unserer Generation kommen nicht zum Glauben, wenn wir uns nicht um sie kümmern.

In der Ewigkeit ist eine große Schar von Kämpfern. Sie haben den »Lauf« bereits hinter sich. Sie haben die Stafette weitergegeben an uns. Von den Rängen der Ewigkeit rufen sie uns zu: »Lauft doch! Kämpft doch. Setzt alles ein für unseren großen Herrn. Jetzt legt Ihm euer Leben hin. Seid nicht so mittelmäßig. Habt Mut zu den außergewöhnlichen Schritten!« Jesus braucht Menschen, die bereit sind, nicht mehr nach sich selbst zu fragen, die bereit sind, *jetzt* die Stafette des Evangeliums in die Hand zu nehmen und zu laufen und zu kämpfen und zu siegen. Jesus will uns heute, wo wir leben. Ich glaube, wir können es uns nicht mehr leisten, lau zu sein. Es sterben zu viele darüber. Wann hören wir endlich auf, die Mittelmäßigkeit in unseren Reihen wie ein Heiligtum zu verehren?

Wir haben eben gesagt: Jesus war nicht mittelmäßig. Er war außergewöhnlich. Jesus war nicht langweilig. Er war erregend. Jesus war nicht lau oder kalt. Er war eine heiße, verzehrende Glut. Und das ist er bis auf den heutigen Tag. Darum gehört es zum Charakter seiner Jünger, daß sie brennen. Wir brauchen geistliche Brandstifter.

»Schön und gut«, denken Sie vielleicht, »aber wie komme ich zum Brennen für Jesus? Was soll ich machen, ich bin nur ein glimmender Docht?« Ich verstehe Sie gut. Wir können ja nicht aus uns selber brennen. Wir können uns auch nicht selber wieder anfachen, wenn wir erkaltet sind. Aber eines können wir doch, wir können zu unserem Herrn gehen und sagen: »Herr, ich brenne nicht mehr, zünde Du mich wieder an!« Das ist ein Gebet, auf das er zurückkommen wird. Sie werden es erleben. Glauben Sie noch, daß Jesus alle Kraft hat, uns in Bewegung zu setzen? Glauben Sie noch, daß Jesus in uns und durch uns sein herrliches und aufregendes Leben verwirklichen will? Er will es wirklich. Er hat es doch gesagt. Wir wollen ihn wieder beim Wort nehmen! Wir wollen uns ihm wieder neu zur Verfügung stellen. Vielleicht will Jesus Sie aus allen Sicherheiten Ihres Privatlebens herausholen, vielleicht will er Sie als seinen Boten gebrauchen in Ihrer Fabrik. Egal, was es ist, wir wollen uns seine Wege gefallen lassen. Jesus soll wieder ganz groß werden – in uns und durch uns. Wir haben die Stafette des Glaubens ergriffen. Nun gilt es: Jetzt – oder nie.

Es gibt eine Predigt des englischen Erweckungspredigers Charles Haddon Spurgeon über Psalm 1,4, aus der ich einen Abschnitt, der mich selbst sehr bewegt, zitieren möchte:

> »Viele Leute bilden sich ein, wenn sie nur keine bestimmten Sünden begingen, so sei alles in bester Ordnung.
>
> Nun will ich mitten in meine Predigt eine kleine Predigt einschalten über den Text: »Fluchet der Stadt Meros«, sprach der Engel des Herrn; »fluchet ihren Bürgern, daß sie nicht kamen dem Herrn zu Hilfe, zu Hilfe dem Herrn unter den Helden« (Richter 5,23).
>
> *Erstens:* Was hat Meros getan? Nichts. *Zweitens:* Wird Meros verflucht? Ja, mit Bitterkeit verflucht. Warum? Weil sie nichts getan hat? Ja, ja; weil sie nichts getan hat. »Flucht ihren Bürgern« für das, was sie nicht getan haben, dafür, »daß sie nicht kamen dem Herrn zu Hilfe, zu Hilfe dem Herrn unter den Helden.« Stritt Meros wider Gott? Nein. Setzte denn Meros einen Helm auf und ergriff sie Schild und Speer, um auszuziehen wider den Höchsten? Nein. Was hat Meros getan? Nichts. Und wird verflucht? Ja, schrecklich verflucht, samt ihren Bürgern, darum, »daß sie nicht kamen dem Herrn zu Hilfe, zu Hilfe dem Herrn unter den Helden.«
>
> Predigt euch diese Predigt, wenn ihr heimkommt; erweitert sie und führt sie aus! Vielleicht, wenn ihr darüber sitzt

und sinnt, werdet ihr sagen: »Meros! Ja, das bin ich. Ich kämpfe nicht wider Gott, ich bin kein Feind Christi, ich verfolge die Seinen nicht, ja, ich liebe vielmehr seine Knechte, ich gehe gern hinauf in sein Haus, um sein Wort zu hören. Ich wäre nicht glücklich, wenn ich mich sonntags nicht an heiliger Stätte erquickt hätte. Aber doch bin ich in jenen Worten gemeint, denn ich kam nicht zu Hilfe dem Herrn unter den Helden. Ich tue nichts. Ich bin ein unnützer Müßiggänger. Ich bin ein unfruchtbarer Baum.« Bedenkt doch, daß ihr alsdann verflucht seid, ja, arg verflucht. Nicht für das, was ihr getan habt, sondern für das, was ihr nicht getan habt. Nicht für das, was ihr tut, sondern für das, was ihr nicht tut. Und das ist einer der schrecklichen Flüche über die Gottlosen: Sie bringen keine Frucht zu ihrer Zeit.

Ja, schaut auf viele unter euch. Wozu seid ihr nütze in der Welt? In euren Familien seid ihr wohl die Hauptstütze und des Lebens Mittelpunkt. Gott gebe seinen Segen dazu, daß ihr eure Kinder gut erzieht. Wozu aber seid ihr nütze in der Gemeinde Gottes? Ihr hört regelmäßig seit Jahren die Predigt und setzt euch dahin, wo vielleicht ein anderer armer Sünder sich bekehrt hätte, wäre er an eurer Stelle gewesen. Freilich sitzt ihr da und hört auf die Predigt, ja, aber was habt ihr davon, wenn diese Predigt euch zum Gericht wird? Ihr seid freilich auch bei der Herde, aber wie, wenn ihr ein schwarzes Schaf unter den weißen Lämmern seid! Was tut ihr für Christus? Wieviel seid ihr wert? Seid ihr auch ein Stein geworden in seinem geistlichen Tempel? Habt ihr auch nur so viel getan wie jenes Weib, welches das alabasterne Salbglas über sein Haupt ausgoß? Ihr habt gar nichts für ihn getan. Er hat euch genährt und auferzogen, und ihr habt gar nichts für ihn getan. »Ein Ochse kennt seinen Herrn und ein Esel die Krippe seines Herrn« (Jes. 1,3), ihr aber kennt nichts und achtet nichts. Siehe, der Herr wird heutigen Tages mit euch rechten, nicht um das, was ihr getan, sondern um das, was ihr unterlassen habt.«*

* Zit. nach Helmut Thielicke, »Vom geistlichen Reden«, Quell Verlag Stuttgart, S. 247 f.

Laßt uns bereit sein, in den Dienst zu gehen. Laßt uns »jetzt« dazu bereit sein. Der eine wird es hauptamtlich tun, der andere im Ehrenamt. Laßt uns den Mut haben zu den außergewöhnlichen Schritten. Unser Herr braucht Schwestern in Krankenhäusern und auf dem Missionsfeld, er braucht Diakone und Missionare. Er braucht Menschen die ihre 50- und 100-Markscheine opfern für seine ewige Sache. Ich weiß, daß das eine Zumutung ist. Für satte Kirchenchristen ist das allemal eine Zumutung. Jesus aber will uns herausreißen aus Sattheit und Trägheit des Glaubens.

Die Not im Herzen Gottes ist groß. Das Feld ist reif zur Ernte. Laßt uns darum beten, daß der Herr Arbeiter in seine Ernte sende. Laßt uns selber solche Arbeiter werden im Reiche Gottes. Um Jesu willen haben wir einen unvergleichlichen Auftrag: Rettet den Menschen.

XI. Verheißung für den grauen Alltag

Ein Buch über die Nachfolge Jesu zu schreiben ist leichter, als täglich in der Nachfolge zu leben. Ein Buch über das Christsein zu lesen, ist ebenfalls leichter, als Christ zu sein – besonders im »Kleinkram« des Alltags. Geistliche Erkenntnisse zu haben und zu bekommen ist eines – geistlichen Erkenntnissen gemäß zu handeln ist ein anderes.

Lebendige Christen leiden oft darunter, daß so wenig von dem, was sie erkannt haben, in ihrem Leben verwirklicht wird. Da ist ein Widerspruch zwischen unserem christlichen Denken und unserem tatsächlichen Leben. Wir kommen über das Gebet unserer Väter auch in unserer Generation nicht hinaus: »Herr, hilf aus den Gedanken ins Leben hinein, ohn' alles Wanken dein eigen zu sein!«

Wir haben nie wirklich geglaubt, was wir alles gedacht haben. Wir haben nur geglaubt, was wir gewagt haben. Nur was wir verwirklichen, glauben wir wirklich. Darum können wir über unseren eigenen Glauben wohl kaum den Mund voll nehmen. Es ist zu viel Leerlauf dabei. Was die menschliche Seite des Glaubens angeht, ist da nichts zu rühmen und zu prahlen. Unser Glaube ist einem kleinen Boot, einer »Nußschale« vergleichbar, die auf dem Meer des Lebens hin und her geworfen wird, bedroht von Wind und Wellen. Wäre da nicht die unsichtbare Hand unseres Herrn, die das Boot hält und zum Ziel führt, es wäre längst versunken. Daß unser Glaube in den Stürmen des Lebens nicht verlorengeht, das verdanken wir ganz allein der Treue Gottes.

Es sind allerdings nicht nur die großen Stürme, die unseren Glauben bedrohen. Es ist oft der kleine Wind des alltäglichen Einerleis, in dem es schwer fällt, Glauben zu bewahren. Was wir am Sonntag glauben, soll auch im Alltag gelebt werden. Was wir auf dem Höhepunkt des Lebens geloben, sollen wir in den Tiefen halten und durchhalten.

Diese Tiefen aber sind oft undramatisch, herb, nüchtern, ohne jede Turbulenz und große Aufregung. Gerade das aber ist es, worauf wir mit unserem Glauben nicht recht gefaßt sind.

Als Jesus zum letzten Mal im Kreise seiner Jünger war, sagte er zu Petrus: »In dieser Nacht, ehe der Hahn kräht, wirst du mich dreimal verleugnen.« Petrus widersprach darauf energisch: »Und wenn ich mit dir sterben müßte, so will ich dich nicht verleugnen!«

Petrus war auf große Leidenstiefen gefaßt, ja, sogar auf den Tod. Er sah sich vielleicht im Geiste umringt von Hunderten oder Tausenden. Sie forderten die Absage an Jesus oder die Hinrichtung des Petrus. Und dann würde er sich zum Staunen und Entsetzen vieler zu seinem Herrn bekennen. Er würde lieber in den Tod gehen, als seinem Herrn die Treue aufzusagen.

Was dann aber kam, war so schrecklich alltäglich, so banal und trist: Man hatte Jesus gefangengenommen. An seinen Jüngern, die zu sterben bereit waren, war man nicht interessiert. Petrus hielt sich im Hof auf, der zum Palast des Hohenpriesters gehörte. Da waren nur ein paar Soldaten, unterste Ränge, ein paar Mägde und sonst nichts. Folgendes berichtet uns Matthäus nun:

> »Petrus aber saß draußen im Hof; und es trat zu ihm eine Magd und sprach: Und du warst auch mit dem Jesus aus Galiläa. Er leugnete aber vor ihnen allen und sprach: Ich weiß nicht, was du sagst. Als er aber zur Tür hinausging, sah ihn eine andere und sprach zu denen, die da waren: Dieser war auch mit dem Jesus von Nazareth. Und er leugnete abermals und schwur dazu: Ich kenne den Menschen nicht.
>
> Und über eine kleine Weile traten hinzu, die dastanden, und sprachen zu Petrus: Wahrlich, du bist auch einer von denen; denn deine Sprache verrät dich. Da hob er an sich zu verfluchen und zu schwören: Ich kenne den Menschen nicht. Und alsbald krähte der Hahn. Da dachte Petrus an die Worte Jesu, da er zu ihm sagte: ›Ehe der Hahn krähen wird, wirst du mich dreimal verleugnen‹, und ging hinaus und weinte bitterlich« (Matth. 26,69–75).

Das große Ereignis war ausgeblieben. Auf ein großes Ereignis aber hatte Petrus sich eingestellt. Er war auf alles gefaßt, nur nicht auf eine alltägliche Magd. Wer nur auf große Ereignisse hin glaubt, wird in den kleinen nicht bestehen können.

Unser Glaubensleben besteht viel mehr aus den kleinen Ereignissen als aus den großen. In den kleinen Ereignissen, die sich täglich wiederholen, will Glaube sich bewähren. Der Alltag ist es, in dem geglaubt werden muß, der gewöhnliche Alltag.

Der Alltag trägt bei uns die Farbe »grau«. »Grauer Alltag« sagen wir, und jeder weiß, was gemeint ist. Von der Bezeichnung »grau« kommt man schnell auf Worte wie »grausam« oder »grauenhaft«. So empfinden viele den Alltag. Auf den Sonntag kann man sich freuen, aber wenn der Alltag kommt . . .

Was sagt uns die Heilige Schrift über den Alltag?

Die Sache kommt oft vor. Das Wort allerdings nur einmal und zwar in seiner ursprünglichen Form: Alltag kommt nämlich von »Alle Tage«. Was ist darüber im Neuen Testament gesagt? Sind »alle Tage« grau in grau? Das Buch der Bücher ist anderer Ansicht.

Jesus Christus spricht: »Ich bin bei euch *alle Tage* bis an der Welt Ende« (Matth. 28,20b). Das heißt schlicht: Ich bin bei euch an allen Tagen, auch und gerade am Alltag!

Vielleicht haben Sie oft Angst vor morgen, Angst vor dem Alltag. »Alltag« das hat in der Bibel keinen düsteren Klang. Jesus sagt uns: Freu dich drauf. Freu dich auf den Alltag. Ich bin immer da. Ich bin bei dir in deinem Alltag. Gerade wenn der Alltag dir zusetzt, wenn du müde bist und zermürbt – ich bin da. Damit kannst du immer rechnen. Du bist nie ohne mich.

Der »gewöhnliche Alltag« ist für einen Christen also so ganz gewöhnlich nicht. Er steht unter der Verheißung des Außergewöhnlichen, der steten Anwesenheit unseres Herrn.

Wenn der Herr absolut ist, dann ist er unabhängig von Raum und Zeit. Das bedeutet, er füllt nicht nur einen Raum, er füllt alle Räume. Er ist auch nicht gebunden an eine bestimmte Zeit. Er ist da zu aller Zeit. Die eigentliche Wirklichkeit des Raumes, in dem Sie sich jetzt gerade befinden, sind nicht die Möbel und Gardinen, sondern die eigentliche Wirklichkeit ist *er*. Und morgen? Freuen Sie sich drauf und verlassen Sie sich drauf. Die eigentliche Wirklichkeit morgen im Alltag ist er! Der gewöhnliche Alltag steht unter dem Glanz des Außergewöhnlichen: Ich bin bei euch alle Tage.

So spricht unser Herr: Ob ihr täglich an mich denkt oder nicht –

ich denke gute Gedanken über euch, alle Tage. Wenn ihr mir die Treue brecht – ich bleibe euch treu, alle Tage. Wenn euch die Sünde überrennt – meine Gnade und Barmherzigkeit sind alle Tage neu. Wenn ihr lau werdet in der Liebe – meine Liebe zu euch bleibt alle Tage wie eine heiße Glut. Nichts kann euch scheiden von der Liebe Gottes, nichts, an keinem Tag!

»Ich bin bei euch alle Tage!« Damit erklärt unser Herr seine Leute für ganz und gar geschützt. Seine Verheißung gibt eine große Gelassenheit. Wir sind bei ihm grundsätzlich in guten Händen.

Wenn Sie morgens aus dem Bett wanken und sauer sind, daß die Nacht schon vorüber ist – Sie sind grundsätzlich in guten Händen. Wenn der Strom ausfällt und Ihr Zimmer wird kalt – Sie sind grundsätzlich in guten Händen. Wenn die Vase umkippt und das Wasser die fertigen Hausaufgaben total verdirbt – Sie sind grundsätzlich in guten Händen. Wenn der Lehrer Ihnen eine fünf verpaßt, wo Sie doch glatt eine Vier-minus verdient hätten – Sie sind grundsätzlich in guten Händen. Wenn ihr kleiner Bruder Ihnen ein volles Tintenfaß ins Badewasser gießt – Sie sind grundsätzlich in guten Händen. Auch wenn eine Katastrophe Sie überrennt – Sie sind grundsätzlich in guten Händen.

»Ich bin bei euch alle Tage!« Damit kann man leben und sterben. Hier ist Ruhe mitten im Sturm. Hier ist Gelassenheit möglich, auch wenn uns alle verlassen.

Es gehört zum Schönsten und Tiefsten, daß wir wissen: Wir sind nicht allein im Kleinkram des Alltags. Wir sind nicht allein in der zermürbenden Mühle des täglichen Einerleis. Wir sind nicht allein, wenn die Wellen des Leides uns in kalte Tiefen stürzen. Wir sind nicht allein, auch wenn wir uns zeitweilig so fühlen.

Wenn junge Leute Christen sind, dann steht ihr Leben unter dieser Verheißung Ihres Herrn: Ich bin bei euch, auch im »grauen« Alltag. Ich bin bei euch alle Tage.